KB245143

청년
CEO
를
꿈꿔라

청년 CEO를 꿈꿔라

제1판 제1쇄 발행 2010년 11월 25일
제1판 제3쇄 발행 2013년 4월 25일

지은이	김현진, 김현수
펴낸이	임용훈
마케팅	양총희, 오미경
디자인	디자인루소
촬영	김영호
출력	해성문화사
용지	(주)정림지류
인쇄	(주)미성아트
표지인쇄	예일정판
제본	선명제본

펴낸곳	예문당
출판등록	1978년 1월 3일 제305-1978-000001호
주소	서울시 동대문구 답십리2동 16번지 4호
전화	02-2243-4333~4
팩스	02-2243-4335
이메일	master@yemundang.com
블로그	www.yemundang.com
트위터	@yemundang

ISBN 978-89-7001-549-1 03320

본사는 출판물 윤리강령을 준수합니다.
이 책은 저작권법에 의하여 보호를 받는 저작물이므로 무단전재와 무단복제를 금합니다.
파본은 구입하신 서점에서 교환해 드립니다.

청년 CEO를 꿈꿔라

한국으로 돌아와서 창업을 해야겠다고 결심한 것이 9년 전의 일이다. 22살, 8년간의 호주 유학 생활을 정리하고 한국에 돌아와 창업을 하려고 보니, 가까운 지인들 중에는 무언가를 물어볼 사람 하나 없었다. 그나마 연락이 되는 중학교 동창 둘은 창업에는 전혀 관심 없는 평범한 한국의 대학생들이었기에 법인 설립하는 방법조차 물어볼 곳이 없었다.

그때는 벤처 거품이 꺼지고 난 후라 창업에 관한 정보를 얻을 수 있는 곳이 더욱 흔치 않았다. 18살이면 부모를 떠나 아르바이트를 시작해서 자신의 삶을 스스로 살아가고, 창업을 밥 먹듯이 하는 서양과 비교해 한국은 너무나 다른 모습이었다.

1인 창업, 벤처창업 열풍은 요즘 뉴스에서 매일 나오는 이야기다. 특히나 아이폰 앱 열풍을 타고는 번듯한 회사를 다니던 사람들까지도 직장을 버리고 아이폰 앱 하나 만들어 사업을 해 보겠다고 창업에 뛰어드는 경우를 많이 볼 수 있다. 하지만 사업이라는 것이 그렇게 쉽기만 하던가?

창업은 쉬울 수 있다. 하지만 사업을 지속해 나간다는 것은 정말 너무나 어려운 일이다.

창업을 하려는 사람들에게 기존의 경영서에서 배울 수 없는 실질적인 것을 이미 그 과정을 겪은 여러 젊은 CEO들의 경험을 통해 들려주고자 이 책을 만들자고 제안했다. 책을 만드는 과정에서 창업을 하려는 사람들에게 가장 필요한 것 중에 또 다른 하나는 '과연 나는 창업에 맞는 사람인가'를 고민하는 시간이 필요하다는 것도 알려줄 필요가 있었다. 실제로 2009년부터 시작된 1인 창업 열풍으로 주변에 창업 거품이 생기는 모습을 보면서, 멋진 성공담도 좋지만 실제로 사업을 해나가는 과정에서 얼마나 많은 에너지와 시행착오, 고독한 결단이 필요한지 보여줌으로써 스스로 자신이 창업에 적합한 사람인지 판단할 수 있는 기회를 마련해 주고 싶기도 하였다.

　여기 어려움 속에서도 도전하며 자신들의 꿈을 향해 한발 한발 내딛고 있는 9명의 20~30대 CEO들이 있다. 이들은 오늘도 하루 하루 작은 기적을 만들어 가고 있다. 그들은 아직 사람들에게 인정받을 만한 성공을 이루어낸 성공한 사업가가 아닐지도 모른다. 하지만 이 책이 여러분 손에서 읽혀지는 순간에는 그들 중 어느 CEO는 알 만한 사람은 아는 사람이 되어 있을지도 모르는 일이다.

이 책은 내가 어떻게 성공했냐를 자랑하는 책이 아닌, 내가 내 꿈을 실현하고 더 나아가 우리의 꿈을 실현하고자 하는 사람들을 이끄는 리더들이 경험하고 있는 과거와 현재를 한 대목 한 대목 정리한 책이다. CEO들은 모여서 흔히 이런 이야기를 한다.

"그 누구도 시행착오를 피해갈 수 없다. 다만 시행착오를 줄여갈 수는 있다."

이 책의 내용이 그저 잘난 사람들의 성공담 정도가 아닌, 이 책을 읽는 모든 사람들에게 좀더 유용한 정보가 되기를 바란다.

꿈을 꾸는 사람이 그 꿈을 현실로 만들기 위해서는 많은 것이 필요하다고 한다. 나와 꿈을 함께 실현할 사람이 필요하고, 자본이 필요하며, 운도 필요하고, 노력도 필요할 것이다. 그리고 무엇보다 '경험'이 필요하다. 이 책에서 당신은 현재를 살아가고 있는 9명의 CEO들의 조언을 하나 하나 들으며 앞으로 자신이 이루어 갈 꿈에 대한 도전을 그려 나갈 수 있을 것이다.

우리는 이 책을 꾸밈없이 만들기 위해 노력했다. 우리는 독자들에게 단순한 영웅담을 들려 주고자 하는 것이 아니라, 우리의 경험을 전달하고 여러분이 좀더 빨리 꿈을 실현할 수 있도록 돕는 작은 스승이 되고자 한다.

당신이 이 책을 읽고 언젠가 자신의 꿈을 현실화하는 데 성공한다면, 이 책의 후속편을 만들어 당신처럼 꿈꾸는 사람들에게 자신의 사업 경험을 공유해 주기 바란다. 꿈을 이루어 가는 과정은 공유될 때 더 의미 있는 것이고, 그것이 이어진다면 한국의 많은 젊은이들도 미국 실리콘밸리의 젊은이들처럼 큰 꿈을 꾸며 좀더 편안한 마음으로 창업에 도전할 수 있을 것이다.

　대한민국에 다양하고 힘 있는 벤처기업 그리고 지혜로운 젊은 CEO들이 나오기를 바라며, 이 책을 만들 수 있게 해 주신 예문당 임사장님, 미래의 후배 사업가들을 위해 기꺼이 시간을 내어 솔직하고 담백한 이야기로 인터뷰에 응해 주신 존경하는 선후배 사업가님들, 그리고 무엇보다 창업에는 전혀 관심이 없으셔서 현실적인 눈높이로 창업이란 무엇인가, 사업이란 무엇인가, 그리고 CEO는 어떤 사람들인가를 일반인의 시각으로 글을 잘 정리해 주신 김현수 작가님에게 감사 드린다.

김현진

목차

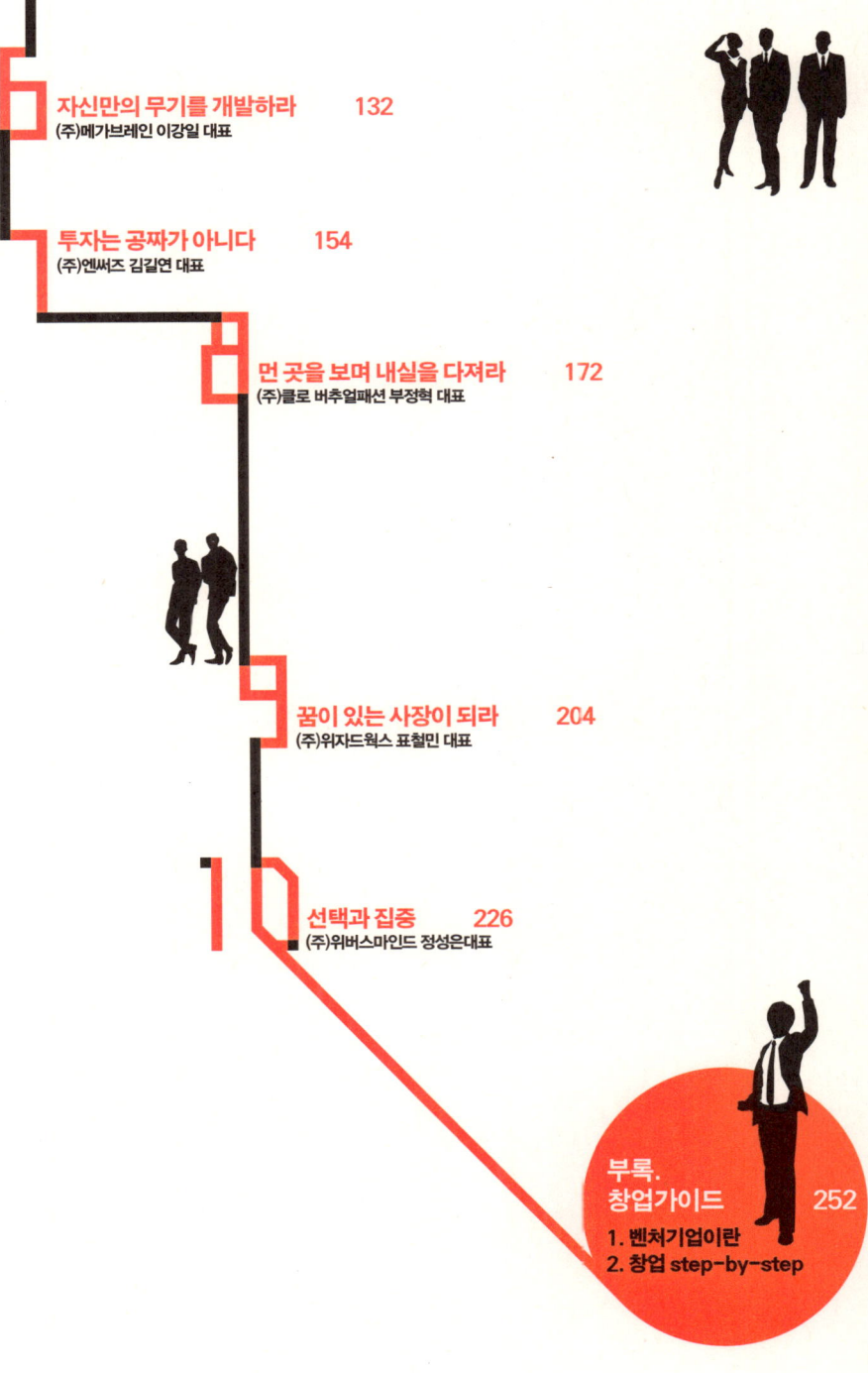

"예전에 제가 존경하는 사장님 한 분이 이런 말씀을 하시더라고요. '슈트를 입기 위해서 성공하는 것이 아니라, 아무거나 입어도 되기 위해서 성공해야 한다.' 고 말이죠.

우린 고급 식당에 들어가서 무시당하지 않기 위해서 슈트를 입지만, 빌게이츠는 한 나라의 대통령을 만나는 자리 에서도 청바지를 입잖아요."

창 업 을 결 심 하 다

버스정류장에서부터 집까지 가는 길은 보통 10분에서 15분 정도면 족할 거리다. 하지만 진승남은 그 길을 이미 삼십 분째 걷고 있었다. 한 걸음 걷고 밤하늘 한 번 보고, 그리고 한숨 한 번 내쉬고…… 잔뜩 술에 취해 휘청거리는 사람보다 더 더딘 발걸음이었다. 그렇게 한참을 걷다보니 어느새 집이 가까워져 왔다. 담 너머 집안에는 불이 환하게 켜져 있었다. 문득 진승남의 입가에는 쓸쓸한 미소가 번졌다. 어렸을 땐 그렇게 높아 보이던 담이 어느새 까치발을 디디면 담 너머 집안의 모습이 눈에 들어올 정도로 훌쩍 커버렸다는 생각이 들었기 때문이었다.

'이렇게 자랐으면 이젠 사람 구실을 해야 하는데…….'

그는 밤하늘을 향해 길게 한숨을 내쉬며 담벼락에 기대어 한참을 그렇게 서 있었다. 진승남은 입맛을 다시고는 버스정류장을 향해 발걸음을 옮기기 시작했다. 조금 전 무거웠던 발걸음과 달리 힘을 주어 빠르게 걸었다. 밤 10시를 훌쩍 넘긴 시간. 자칫 천안으로 내려가는 막차를 타지 못할 수도 있기 때문이었다. 그는 거의 뛰다시피 버스정류장으로 향했다.

어머니가 차려주는 아침밥에 대한 아쉬움이 남긴 했지만, 오히려 다행이라는 생각이 들었다. 식구들은 그가 집에 왔다갔다는 사실조차 모를 것이다. 진승남은 천안에 있는 학교 앞에서 자취를 하고 있고, 인천에 있는 집에 주중에는 특별한 일이 없으면 올라오지 않았다. 만일 그가 돌아서지 않고 집으로 들어갔다면 식구들에게 주중이었는데도 올라온 이유를 설명해야 했는데, 그는 그것이 내키지 않았던 것이다. 진승남은 오늘 서울에 있는 회사에서 면접시험을 치르기 위해 올라왔었다. 그는 식구들에게 취업을 위한 면접시험에 대해 일부러 이야기하지 않았다.

■

종점에 가까워질수록 승객의 수가 줄어들었기 때문에 진승남은 겨우 자리에 앉을 수 있었다. 그는 주위를 둘러봤다. 막차답게 승객들의 모습은 지쳐 있었다. 술에 취해 의자에 기대 졸고 있는 이십대 후반으로 보이는 샐러리맨부터 시작해서, 지친 표정으로 앉아 뭔가를 골똘히 생각하고 있는 중년의 신사, 자기 몸통만한 가방을 무릎에 올려놓고 책을 보고 있는 여학생까지.

'나는 어떻게 비춰질까?'

진승남은 건너편 차창에 비춰지는 자신을 바라봤다. 170센티미터가 조금 넘는 평범한 키에 뚱뚱하지도 마르지도 않는 몸매, 덥수룩한 머리카락에 가려져 있는 얇은 눈썹은 왠지 의지가 약해 보였지만 각진 얼굴은 오히려 남성스러워 보이게 만들어 줬다. 면접 때문에 평소에 입지 않는 양복을 입어서 그런지 진승남은 차창에 비춰지는 남자가 무척 낯설어 보였다.

학생 같지도 않고, 샐러리맨 같지도 않은 모습이다.

'휴……'

저절로 한숨이 나왔다.

'내가 원하는 대학 4학년 때의 모습은 이런 게 아니었는데……'

전자공학부를 선택할 때만 하더라도 그에게는 꿈이 있었다. 하지만 군대를 제대한 후 다시 학교에 복학했을 때쯤 그는 꿈이란 손에 닿지 않을 만큼 멀리 있을 때 가슴에 품을 수 있지만, 손을 뻗어 잡을 수 있는 거리에 다다르면 그 앞을 가로막고 있는 현실이라는 것이 보인다는 사실을 깨달을 수 있었다.

그가 가졌었고, 포기했던 꿈은 사업가였다. 한국에서 마이크로소프트나 애플사와 같은 회사를 만들어 보는 게 꿈이었다.

■■

"역시 이 형님의 예상대로 집에서 안 자고 내려왔군."

진승남이 막 자취방으로 들어왔을 때 방안에 있던 조석환은 미소를 지으며 말했다. 같은 과 입학동기인 조석환은 군대 제대 후 복학을 하면서 진승남과 자취방을 함께 사용하고 있었다.

"기다렸냐?"

진승남은 멋쩍은 미소를 지으며 들고 있던 비닐봉지를 바닥에 내려놨다.

"짜샤. 집에 면접 본다고 얘기 안 했을 거 아냐. 그러면 당연히 자취방으로 기어들어오겠지. 근데 이건 뭐냐?"

조석환은 어깨를 으쓱거리며 진승남이 바닥에 내려놓은 비닐봉지를 열었다. 그 안에는 소주 두 병과 쥐포와 오징어가 들어 있었다.

"인마. 라면하나 끓이면 될 걸 가지고 왜 쓸데없이 돈지랄이야? 차라리 소주를 한 병 더 사오지."

조석환은 입으로는 투덜거리면서 눈빛으로는 웃고 있었다. 마침 한잔 생각이 간절했던 그로서는 진승남의 등장이 마냥 반갑기만 했다. 그는 종종걸음으로 주방으로 달려가 가스레인지에 불을 켜고, 쥐포와 오징어를 굽기 시작했다.

"술 사온 거 보니까 분위기 별로 안 좋았나본데?"

"뭐, 애들 스펙부터 기 팍팍 죽이더라."

진승남은 화장실 세면대에서 얼굴에 비누칠을 한 채로 입맛을 다셨다.

"나랑 함께 면접 본 사람들 중에서 서울에 있는 대학 아닌 건 나밖에 없더라. 아…… 아니지. 유학파도 하나 있긴 했지."

"어쨌든 필터링 안 된 거에서 만족하고 한잔 해라."

조석환은 조촐한 술상을 방 한가운데 놓으며 진승남을 재촉했다. 필터링^{Filtering}이란 취업난으로 수많은 지원자들이 몰리면서 기업이 스펙 조건을 입력해 그 이하의 지원자는 자기소개서조차 읽어 보지 않고 자동으로 서류심사에서 탈락시키는 것을 가르키는 말이었다.

"이번이 몇 번째였냐?"

조석환은 소주잔을 기울이며 진승남을 바라봤다.

"열한 번인가, 열두 번인가…… 잘 모르겠다."

진승남은 인상을 잔뜩 찡그리며 술잔을 입으로 가져갔다.

"인상 좀 펴라. 청년실업 100만 시대 아니냐. 너만 미역국 먹는 거 아냐.

이태백, 행인, 삼일절, 청백전 그런 말이 당연한 시대잖냐."

조석환은 낙담한 룸메이트를 위로하려는 듯 너스레를 떨었다. 진승남은 그런 친구의 배려에 미소를 지어 보였다. 하지만 얼굴 표정과 달리 씁쓸한 기분은 쉽게 가시지 않았다.

이태백	이십대 태반이 백수라는 말.
행인(行人)	본래 지나가는 사람을 의미하며 일정 기간 동안 잔심부름만 하다 가는 행정인턴이라는 말.
삼일절	31세까지 취업을 못하면 취업길 막힌다는 말.
청백전	청년 백수 전성시대의 줄임말.

모든 것에 해당하는 자기 처지가 한심스럽고 답답하기만 했다.

"후우……."

진승남은 길게 한숨을 내쉬며 술 때문에 벌겋게 달아오른 얼굴을 하고 벽에 기대앉은 채 조석환을 바라봤다.

"석환아. 너는 요즘 면접 안 보는 것 같더라."

"나?"

"그래. 전에는 이력서 내고 여기저기 찾아다니는 것 같더니만 요즘은 조용하잖아."

"면접 보면 뭐하냐. 어차피 안 될 거 뻔한데."

조석환은 씁쓸한 미소를 지어 보였다. 입으로는 웃고 있었지만, 그의 눈빛은 전혀 그렇지 않았다.

"이 형님은 취직 생각 접었다."

"안 해? 취직 안 하면 대학원 갈 생각이야?"

조석환의 말에 진승남은 자세를 고쳐 앉으며 물었다.

"대학원은 무슨, 학자 될 것도 아닌데. 그렇다고 먹고살 길 찾는 게 취직이 다는 아니잖냐."

조석환은 능글맞은 미소를 지으며 말을 이어갔다.

"이 형님. 창업하실 생각이다."

"창업?"

"그래. 어차피 안 되는 취업 아등바등 매달려봐야 허튼짓 같아서 차라리 포기했다. 대신 창업을 하기로 했지."

동그랗게 눈을 뜨고 바라보는 진승남을 향해 그는 술잔을 내밀었다.

"회사 취직해서 상사 눈치 안 봐도 되잖냐. 얼마나 멋지냐. 조석환 사장. 흐흐흐. 생각만 해도 폼난다."

"에이…… 창업이라는 게 말처럼 쉽냐?"

진승남은 어이없다는 표정을 지어보였다.

"쯧쯧쯧. 이거 세상 돌아가는 물정을 몰라도 한참 모르는구만. 요즘 창업은 대세야, 대세."

조석환은 혀를 차며 한심하다는 듯 말했다.

"너도 창업에 대해 고민해 봐라. 취업에 목매고 있다가 어리버리 졸업해서 백수 소리 듣지 말고. 원한다면 이 형님의 위대한 계획에 끼워 줄 수도 있다."

"……"

진승남은 묵묵히 술잔을 기울였다. 창업에 대한 고민…… 군대를 제대하고 복학을 기다리는 시기에 차고 넘칠 만큼 했었다. 오랜 고민 끝에 내린 결론은 사업은 아무나 하는 것이 아니라는 것이었다. 자랑스럽게 내세울 학벌도 아니고, 뒤를 받쳐줄 집안의 지원도 기대할 수 없는 상황에서 특출난 기술이나 재능이 없는 그에게 사업가란 아무리 손을 뻗어봐야 닿을 수 없는 거리에 있는 헛된 꿈에 불과했다.

그날 밤 그는 잠자리에 들었지만 쉽게 잠들지 못했다. 창업에 대해 고민해 보라는 조석환의 말이 귓가에서 떠나지 않았다.

인터넷 포털 사이트에서 '창업'이라는 단어를 쳐 보면 천여 개의 인터넷 사이트가 나온다. 게다가 수많은 뉴스들과 정보들이 눈앞에 펼쳐진다. 셀 수 없이 많은 창업 설명회, 창업 가이드, 창업 지원…… 등등.

■■■

"뭐가 이렇게 많아?"

진승남은 머리를 긁적이며 답답한 듯 모니터를 바라봤다. 며칠 전 조석환에게 창업에 대한 이야기를 들은 후 신경 쓰지 않으려고 했지만, 그의 의식은 자연스럽게 그동안 억지로 관심을 끊으려고 애썼던 그것에 향해 있었다. 그런데 그를 기다린 것은 어마어마한 양의 정보들이었다. 창업 정보와 관련된 인터넷 사이트들이 넘쳐 날 뿐만 아니라, 신문과 방송을 보면 1인 창업에 성공한 사람이나 성공가도를 달리고 있는 이삼십 대의 젊은 벤처기업 사장들이 우리나라에 이렇게 많았나 할 정도였다.

얼마 전의 그라면 마치 커다란 스크린 화면 속에 펼쳐지는 스펙타클한 액션영화의 주인공을 보며 감탄하듯 부러워했겠지만, 지금은 가슴이 두근거렸다. 1인창업에 성공해 자신의 점포 앞에서 밝은 미소를 짓고 있는 신문기사 속의 주인공의 얼굴이 자기 얼굴로 비춰지고, CEO라고 적혀 있는 직함패가 놓여 있는 책상에 앉아서 자신있게 주먹을 쥐어 보이고 있는 자기 모습이 그려졌다. 그때 뒤 쪽에서 낯익은 음성이 들려 왔다.

"어쭈…… 생각이 아주 없진 않나 보네."

조석환이었다. 그는 진승남의 어깨에 한 손을 얹은채 허리를 굽혀 모니터를 바라보며 작은 목소리로 말했다.

"잘 생각한 거야."

"오해하지 마. 난 그냥 너 때문에……."

진승남은 마치 부끄러운 장난을 하다 들킨 아이처럼 얼굴을 붉히며 말했다. 그는 단 한 번도 조석환에게 사업가가 되는 것에 대해 이야기한 적이 없었다. 그건 마치 자신의 어렸을 때 꿈이 대통령이었다는 말을 하는 것과 같다고 생각했었기 때문이었다.

"괜찮아. 인마. 나가서 자판기 커피 한잔 하면서 심도있는 이바구를 나눠보자고. 니가 쏴라."

"야. 조석환!"

조석환은 뒤도 돌아보지 않고 밖으로 나갔다. 진승남은 그를 불러봤지만, 도서관 안에 있는 컴퓨터실이었기 때문에 큰소리로 부를 수가 없었다. 그도 어쩔 수 없이 자리에서 일어났다.

■■■■

점심시간이 막 지난 시간이라 도서관 앞 등나무 벤치에는 학생들이 많이 앉아 있었다. 시험 기간이 아니지만, 새벽부터 트레이닝 차림으로 열람실을 지키고 앉아 있는 이들은 대부분 취업 준비에 한창인 예비 졸업생임에 분명해 보였다.

"창업에는 회사를 차리는 것만 있는 게 아니잖아."

조석환은 진승남으로부터 커피가 담겨 있는 종이컵을 건네받으며 말을 꺼냈다.

"프랜차이즈 창업도 있고, 개인 장사도 있고, 게다가 1인 창업이라고 해서 요즘은 별거 별거 다 있더라. 그리고 가장 중요한 건 바로 회사를 차리는 거지."

"야. 창업하겠다고 마음만 먹으면 아무나 프랜차이즈도 하고, 개인장사도 하고, 회사까지 저절로 차려지는 줄 아냐?"

진승남은 어이없는 얼굴을 하며 조석환의 곁에 앉았다.

"사업 아무나 하는 거 아냐."

"이 자식은 왜 이렇게 비관적이야. 긍정적인 마인드를 가져."

조석환은 눈살을 찌푸렸다.

"비관적이 아니라, 현실적인 거야."

진승남이 답답한 듯 대답하자 조석환은 기다렸다는 듯 말을 받았다.

"그래서 아이티^{IT}벤처를 하려는 거 아니냐."

"아이티……?"

"아이티^{IT:Information Technology}! 정보기술 아니냐. 뭐, 이것저것 많겠지만 간단히 말해서 인터넷이지. 대충 알아보니까 아이티 벤처는 컴퓨터 있고 인터넷만 되면 시작할 수 있다더라. 이거 한번 봐라."

조석환은 능글거리는 미소를 지으며 신문지 한 장을 건넸다. 유명 일간지의 주말에 나오는 섹션페이지를 한 장 뜯어낸 것이었다. 신문에는 커다랗게 '주목받는 아이티 벤처 CEO들'이라는 기사 제목과 함께 대여섯 명의 사진과 그들의 이야기가 짧게 실려 있었다. 모두 2, 30대의 젊은 사장들로 진승남이나 조석환보다 적게는 한두 살, 많게는 열 살 정도밖에 차이가 나지 않는 사람들이었다.

"우리가 내년 3월에 졸업하고 직장 들어가 봐야 저 사람들 나이 때 저렇게 될 수 있겠어? 좋은 차 타고, 사장 소리 들으면서 멋지게 살 수 있겠느냐고."

조석환은 진승남의 손에 들려 있는 신문속 사진들의 얼굴을 손가락으로 하나하나 짚어가며 말을 이어갔다.

"어차피 취업이랑 창업이랑 둘 다 어렵다면 차라리 대박을 노리는 게 맞는 거 아니냐. 취업에 성공해 봐야 한 달에 백만 원, 이백만 원 월급 받는 것밖에 없지만, 창업에 성공하면 몇 배 더 많은 돈을 벌수 있다구."

"그래서 우리도 아이티 벤처를 하자는 거야?"

"물론! 무無에서 유有를 만드는 게 바로 아이티 벤처 아니냐. 게다가 딱 맞게 우리가 전자공학부 전공이고."

"그럼 어떤 아이템으로 어떻게 하려고?"

"그거야……"

조석환은 눈빛을 빛내며 진승남을 향해 고개를 돌렸다. 진승남은 무슨 말이 나올지 진지하게 그를 바라봤다. 도대체 저렇게 자신만만할 정도면 어떤 생각을 갖고 있을지 기대되기까지 했다. 하지만 들려온 대답은 실망스러웠다.

"이제부터 알아봐야지. 흐흐흐. 뭐, 요즘 스마트폰 앱만 하나 잘 만들면 돈방석에 앉는다더라."

"뭐야?"

진승남은 자신만만한 얼굴로 말하는 조석환을 멍하니 바라봤다.

"아무것도 없이 아이티 벤처를 차리겠다는 거야?"

"괜찮아. 우리 둘이 머리를 맞대고 좋은 아이디어 하나만 만들면 다 해결되는 거야."

조석환은 별거 아니라는 듯 웃음을 흘리며 말했다.

"생각해 봐. 몇 년 전에 동창 찾아주는 사이트 그거 별거냐? 입력한 학교정보를 매치시켜서 같은 학교 나온 사람들을 연결만 시켜주는 거였어. 거기서 중요한 건 '동창찾기'라는 아이디어였다구."

그는 너무나 당연하다는 듯 말을 이어갔다.

"그러니까 우리도 좋은 아이디어 하나만 찾으면 된다니까. 스마트폰 앱은 아무나 만들어도 되는 거잖아."

"과연 아이디어 하나만 가지고 될까?"

진승남은 탐탁지 않은 표정을 지으며 말했다.

"물론이지! 요즘 창업 열풍이 부는 이유가 뭔데. 세상이 옛날 같지 않아서 아이디어 하나만 있으면 그걸로 떼돈을 버는 세상이 됐기 때문이라고."

조석환은 들고 있던 구겨진 종이컵을 휴지통에 집어던지며 진승남의 곁에 한걸음 다가와 앉으며 말했다.

"승남아. 어차피 되지도 않을 취업에 목매느니 나랑 같이 벤처 하자. 사업을 하려면 믿을 만한 사람이랑 함께 하는 게 좋다고들 하는데, 너랑 나랑 몇 년 지기냐?"

"……"

진승남은 한참을 말없이 생각에 잠겨 있었다. 며칠 동안 똑같은 고민에 밤잠을 설치던 그였다. 단지 당장 취업이 어려워서 그 대안으로 창업을 생각하게 된 것이 아니었기 때문에 오히려 더 고민이 많았다. 하지만 이어지는 조석환의 한마디에 진승남은 고민에 종지부를 찍을 수 있었다.

"인마. 아직 졸업할 때까지 시간이 있잖아. 한번 해보고 안 되면 그때 다시 이력서 써도 늦지 않다구. 지금 취업하겠다고 아등바등 해 봤자 어차피 안 될 게 뻔하잖아."

"휴…… 그래. 네 말이 맞긴 하다."

진승남은 길게 한숨을 내쉬며 고개를 끄덕였다.

"그럼 같이 할 거지? 잘 생각했다. 취업 안 되면 창업이라도 하는 게 정답이지."

진승남의 대답에 조석환은 반색을 하며 그를 바라봤다.

"취업 안 된다고 창업한다는 그 말 말고 인마."

진승남은 눈살을 찌푸리며 말했다.

"졸업 때까지 아직 시간 있잖냐. 어차피 졸업하면 정말 꿈도 못 꿔볼 텐데 지금 해보지 않으면 후회할 것 같다."

"뭐가 됐든 뭔 상관이냐. 너랑 나랑 하는 게 중요한 거지."

조석환이 만족스러운 듯 미소를 지으며 말하자 진승남은 의아한 듯 물었다.

"도대체 나랑 함께 하자는 이유가 뭐냐? 난 창업을 생각한다고 말한 적도 없고, 그렇다고 내가 사업한다고 하면 돈 대줄 만큼 집안 형편이 좋은 것도 아닌데."

"창업이라는 게 맨땅에 헤딩하는 건데, 혼자 하는 것보다는 둘이 하면 좀 덜 아플 것 같아서 그렇다. 흐흐흐."

조석환은 여전히 능글거리는 미소를 지으며 대답했다. 진승남은 그의 대답에 고개를 끄덕였다. 농담처럼 건넸지만 혼자 하기보다는 함께 하는 게 덜 불안할 거라는 말에서 진심을 읽을 수 있었다.

■■■■■

그 다음날부터 진승남의 생활은 조금 달라지기 시작했다. 아침 일찍 도서관을 찾는 발걸음은 여전히 똑같았지만, 가방 속에는 항상 넣고 다니던 토익 참고서와 면접을 대비한 두꺼운 시사상식 책 대신에 두꺼운 빈 노트 하나와 필기도구가 들어 있었다. 사업가를 꿈꿔 봤던 적이 있었지만, 단 한 번도 직접 창업에 대해 고민해 본 적이 없는 그로서는 당장 그것에 대해 알아야만 했다.

진승남은 도서관의 수많은 경제경영서, 자기개발서, 창업 관련 도서들에서 충분히 원하는 것을 찾을 거라 생각했다. 하지만 며칠 뒤 그는 실망할 수밖에 없었다. 대부분의 창업에 관련된 책들은 그가 원하는 것을 이야기하고 있지 않았다. 많은 수의 책들은 프랜차이즈나 가게를 차리는 부분에 관한 일반적인 이야기나 쇼핑몰에 관련된 것들뿐이었다. 게다가 벤처 회사의 사장들의 이야기를 다룬 책들도 있긴 했지만, 그것들은 대부분이 자기 자랑을 늘어놓거나 교과서적인 이야기를 열거하는 데 그치고 있었다.

"휴……"

진승남은 고개를 저으며 들고 있던 책을 다시 꽂아 넣었다.

"아 뇨, 이 자식. 왜 이렇게 까다롭게 구는지 모르겠네."

옆에서 지켜보고 있던 조석환은 눈살을 찌푸렸다.

"책이 다 거기서 거긴 거지, 뭘 찾으려고 그러는 거냐? 창업에 관한 정보는 인터넷에도 널려 있잖냐. 중요한 건 아이템이라니까."

그는 답답한 듯 말했다.

"1인 창업 시대야. 혼자서 회사를 차릴 수 있는 거라고. 뭘 그렇게 복잡하게 하려는지 모르겠네."

"호떡 만드는 순서를 알고 있다고 해서 무턱대고 호떡집을 차릴 수는 없잖아. 같은 순서대로 호떡을 만들어도 맛있기 때문에 줄을 서서 기다리는 집이 있고, 맛이 없어서 파리만 날리는 집이 있어."

"야. 그건 경험의 차이인 거잖아."

조석환은 당연하다는 듯 말했다.

"경험은 배울 수 있는 게 아니잖아. 수많은 시행착오를 거쳐야……"

"수많은 시행착오를 거칠 시간과 돈이 없으니까 이러는 거잖아."

진승남 역시 답답한 듯 말을 받았다.

"이제 몇 개월만 있으면 졸업이야. 시간이 없다구. 경험을 쌓겠다고 시간 투자 여유는 없어. 솔직히 말하면 당장 집에 손 벌릴 수도 없는 형편들이잖아. 냉정하게 생각하자."

"우와…… 너."

조석환은 놀라워하는 얼굴로 진승남을 바라봤다.

"겨우 며칠 창업에 대해 고민했다고 사람이 이렇게 달라질 수 있는 거냐?"

"……"

진승남은 그의 말에 대꾸하지 않고 묵묵히 이책 저책을 뽑아 책장을 넘겼다. 그는 조석환과 함께 창업을 하기로는 했지만, 여전히 어릴 때부터 꿈이 사업가라는 말을 하지 않았다.

"어떻게든 시행착오를 줄일 수 있을 만한 도움을 받아야 해."

진승남은 책장을 덮으면서 말했다.

"어떻게?"

"우선은 이거로 한번 해 보자."

의아한 얼굴로 묻는 조석환에게 진승남은 신문지 한 장을 내밀었다. 그것은 며칠 전 조석환이 그를 설득할 때 보여줬던 벤처기업 사장들의 기사가 실려 있는 신문지였다.

신문기사에서 회사의 이름과 사장의 이름을 확인할 수가 있다. 그 두 가지만 있으면 인터넷 검색을 통해 회사 홈페이지와 간단한 정보, 그리고 회사사장의 이메일E-mail 주소를 확인할 수가 있다. 진승남은 어렵지 않게 신문에 실려 있는 벤처회사 사장들의 이메일 주소를 알아낼 수 있었다. 그는 그 이메일 주소에 똑같은 내용의 메일을 모두 보냈다.

안녕하십니까. 저는 천안에서 대학을 다니고 있는 진승남이라고 합니다. 무작정 이렇게 메일을 보내는 것은, 다름이 아니라 작은 도움을 얻으려는 생각 때문입니다.

저는 IT 벤처회사를 차리려고 준비중에 있습니다. 1인 창업을 생각하고 있는데, 주 아이템은 스마트폰 앱 사업입니다. 친구와 둘이서 스마트폰 앱을 전문적으로 만드는 회사를 차릴 생각입니다. 그런데 아직 아무런 경험도 없고, 충분한 지식이 없습니다. 하지만 누구 못지 않은 열정을 가지고 있습니다. 신문에 실려 있는 사장님들의 인터뷰 내용 중에서 선배들에게 많은 도움을 받았다는 얘기를 읽었습니다. 염치 불구하고 저도 벤처회사를 준비하는 후배로서 선배님들께 도움을 받고자 합니다. 어떤 식으로 회사를 준비하는 것이 바람직한지, 어떤 식으로 아이템을 결정하는 것이 좋은지, 어떤 식으로 사람을 모으는 것이 좋은지 사장님들의 경험을 듣고 싶습니다.

……(중략)……

무작정 보낸 제 메일을 끝까지 읽어주셔서 감사합니다. 부디 제가 사장님의 조언을 들을 수 있는 기회를 주시면 감사하겠습니다. 저 이메일이나 전화 010-2418-19XX로 연락을 주십시오. 그럼 기다리고 있겠습니다.

– 진승남 올림.

■■■■■■

"답장은 왔냐?"

"……"

호기심어린 눈빛으로 묻는 조석환의 물음에 진승남은 담담한 듯 고개를 저었다. 사장들에게 메일을 보낸 지 일주일이 지났다. 그동안 진승남은 하루하루 그들의 답메일을 기다리고 있었지만 그에게 답장을 보내는 사람은 아무도 없었다.

"쓸데없는 짓이었어."

조석환은 당연하다는 듯 고개를 끄덕이며 주방 옆 작은 냉장고를 열었다. 안에 들어있는 것이라고는 음료수병에 담겨 있는 보리차밖에 없었다.

"좋은 집안에 태어나서 좋은 대학 나오고, 집에서 대주는 돈으로 사업한답시고 거들먹거리는 것들이 뭐가 아쉬워서 지방대 다니는 우리 같은 것들을 도와주겠냐?"

조석환은 가방 가득 책과 복사물들을 가져오느라 힘에 부쳤던지 음료수병을 통째로 들고 보리차를 벌컥벌컥 들이켰다. 그가 찾아낸 것들은 창업에 관련된 책들과 대학 창업 동아리 친구에게 부탁한 사업계획서들, 그리고 여러 가지 아이티 업계에 관련된 정보들이었다. 이미 몇주일 동안 진승남과 조석환은 창업에 관련된 정보를 얻기 위해서 동분서주하고 있는 상황이었다. 조석환은 아이폰 앱을 만드는 일이기 때문에 1인 창업도 상관없다며 창업을 거창하게 하지 말자고 우겨댔지만, 이왕 하는 거 제대로 한번 해 보자는 진승남의 고집을 꺾을 수는 없었다.

창업동아리에서 연습 삼아 만들어 본 사업계획서 등을 얻어내는 것도 쉬운 일이 아니었다. 동아리라는 것이 1, 2학년들에게는 개방적인 분위기겠지만, 4학년인 그들에게는 낮은 문턱이 아니었다. 이제 몇 개월 뒤에 졸업을 하는 진승남과 조석환이 느닷없이 창업 동아리를 찾아와 사업계획서와 창업에 관련된 정보들을 좀 나눠줄 수 없느냐고 부탁을 했을 때 그들의 표정은 그리 좋지 않았다. 함께 고민하고, 많은 시간을 보내며 축적해 놓은 것들을 무작정 찾아와 내놓으라고 한다면 누구나 달가워하지 않을 게 분명했다. 많은 이들이 1인 창업을 생각하고 있는 것이 현실이기 때문에 아이디어 하나, 사업계획서 하나는 후에 바로 사업과 연결될 수 있다는 것이 그들의 거절 이유였다. 결국 진승남과 조석환은 창업 동아리 활동을 하고 있는 친구들을 따로 만나 낮에는 밥을 사주고, 밤에는 술잔을 건네며 부탁을 해서 겨우겨우 그것들을 얻어낼 수 있었다. 그런 경험을 했기 때문에 조석환으로서는 벤처회사 사장들에게 답메일을 기다리고 있는 진승남이 답답해 보일 뿐이었다.

"잊어버려. 누가 돈 한푼 안 주는데 자기 노하우를 알려주겠어."

"휴…… 그렇긴 하지."

진승남은 한숨을 내쉬며 고개를 끄덕였다. 지푸라기라도 잡고 싶은 심정으로 보낸 메일들이었다. 예상은 하고 있었지만 아쉬운 것은 어쩔 수가 없었다. 역시 세상은 냉정한 것이라는 생각밖에 들지 않았다.

"야, 쓸데없는 생각 하지 말고 이것들이나 정리하자."

조석환은 낙담한 표정을 짓고 있는 진승남에게 가져온 책들과 프린트물들을 내밀며 말했다.

"내가 말한 대로 인터넷이랑 책에서 창업과정이나 좀 참고하고 나머지는 우리가 알아서 하면 되는 거야. 걔네들이 한 게 정답이라고는 할 수 없잖아. 그때랑 지금은 달라. 지금은 아이디어 하나만 가지고 스마트폰 앱스토어에 팔면 그냥 되는 거야."

"네 말이 맞다."

진승남은 애써 미소를 지으며 조석환이 내민 책들과 프린트물을 받아들었다. 분명 틀린 말은 아니다. 그들이 창업한 과정이나 경험이 정답이라고는 할 수 없었다. 게다가 애플의 아이폰을 필두로 각 대기업에서 스마트폰이 쏟아지고 있고, 많은 이들이 스마트폰 앱을 이용하고 있다. 그때와 지금은 다르다. 심심치않게 아이폰 앱 하나만으로 한 달에 몇백만 원씩 수익을 올린다는 고등학생의 기사가 신문에 나오는 시대가 아닌가. 다만 아쉬운 것은 그들의 경험이 있다면 앞으로 겪어야 할 수많은 시행착오를 피해갈 수 있었겠지만, 이젠 그것들을 온몸으로 겪어야 한다는 사실이었다. 진승남에게는 그만큼의 시간과 돈이 없기 때문에 그것은 시작도 하기 전에 감당해야 할 커다란 부담이었다.

"우선 복사해 온 사업계획서들부터 컴퓨터에 정리해 놓을게."

진승남은 책상 위에 그것들을 쌓아놓으며 모니터로 시선을 돌렸다. 그런데 좀 전까지 메일을 확인하려고 켜 놓았던 인터넷 창에 새로운 메일 하나가 들어와 있는 것이었다.

레인디의 김현진 사장입니다.

"우와! 석환아. 왔다! 왔어!"

진승남은 흥분한 듯 목소리를 높였다.

"진짜? 왔어?"

조석환은 그의 뒤에 서서 모니터로 고개를 쭉 내밀며 진승남을 재촉했다.

"뭐 해. 빨리 열어 보지 않고."

"기다려 봐."

진승남은 두근거리는 가슴을 진정시키며 레인디의 김현진 사장에게 온 메일을 클릭했다.

안녕하세요. 진승남 씨. 저는 레인디라는 회사를 경영하고 있는 김현진이라고 합니다.

아이티 벤처회사를 창업하시겠다는 메일은 잘 받았습니다. 제게, 아니, 며칠 전 신문에 인터뷰가 실린 모든 벤처 사장님들께 조언을 구하신다고 하셨는데, 결론부터 말씀드리자면 조금은 실망스럽군요. 조언을 구하겠다는 것은 상대방에게 경험을 나누어 달라는 얘기나 마찬가지입니다. 그리고 저희같이 사업을 하는 사람들에게 경험이란 돈으로 환산될 수 없는 커다란 재산이구요. 그런데 그런 재산을 나누어 달라고 부탁을 하는 진승남 씨의 태도는 너무나 성의가 없습니다. 고작 열 명도 되지 않는 사람들에게 부탁의 메일을 보내는데 성의 없이 똑같은 내용의 메일을, 그것도 따로따로 보낸 것도 아니라 단체 메일을 보냈다는 사실에 저로서는 조금 당황스럽기까지 합니다.

제 얘기를 잠깐 하겠습니다. 저는 2000년에 유학을 마치고 한국으로 돌아왔습니다. 고등학교 때 유학을 갔었기 때문에 제겐 인객이라고 할 수 있는 것이 전혀 없었습니다. 저 역시 사업을 하고 싶었기 때문에 많은 분들의 조언이 무척이나 필요했습니다. 저도 승남 씨처럼 무작정 조언을 얻고 싶은 분들에게 연락을 했습니다. 그분들은 자타가 공인하는 성공한 사업가분들로 사이더스HQ의 정운탁 대표님, 넥슨의 김정주 대표님, NC소프트의 김택진 대표님, 다음커뮤니케이션의 이재웅 대표님 등입니다. 저는 그분들께 이메일을 보내지 않았습니다. 저처럼 그분들께 무작정 연락을 하는 사람들이 많을 거라는 생각이 들어서였기도 했지만, 성의가 없어 보일 수도 있다는 생각 때문이었습니다.

이미 얘기했겠지만, 그분들께 조언을 해달라는 것은 돈으로 환산할 수 없는 재산을 나누어 달라는 것인데, 저는 고작 자판 몇 번 두드리고 마우스 클릭 몇 번 하는 것이 다라고 한다면 상대방의 기분이 어떨까 생각했습니다. 전 그렇게 하면 제게 조언을 해주고 싶은 마음이 전혀 들지 않을 거라 생각했어요. 그래서 전 잘 쓰는 글씨는 아니지만, 자필로 쓴 편지 석장을 잘 찢어지지 않도록 한지(韓紙)로 싸서 보냈습니다. 게다가 혹시 비서실에서 쓸데없는 편지라고 휴지통으로 버릴지도 모른다는 생각에 그것들을 택배로 보냈습니다. 그랬더니 사이더스의 정 대표님과 넥슨의 김정수 대표님이 연락을 주시더군요. 전 아마 저를 제외한 다른 메일을 보낸 분들에게 답장이 안 왔을 거라 생각되는데요, 저와 진승남 씨의 경우가 어떻게 다른지 이제 아셨으리라 믿습니다.

제게 조언을 구하셨으니 한 가지 말씀드리겠습니다. 창업은 쉬운 일이 아닙니다. 그리고 처음 창업을 위해 누군가에게 조언을 구한다는 것부터가 바로 창업의 과정입니다. 그런데 처음 과정부터 성의 없고 안일한 생각이시라면 전 과감히 창업에 대한 생각을 접으시라고 충고해 드리고 싶습니다.

아이티 벤처기업뿐만 아니라, 다른 창업도 마찬가지입니다. 불쾌하실 수도 있으리라 생각됩니다만, 그것이 현실입니다. 제가 진승남 씨를 알지도 못하기에 오히려 솔직하게 말씀드릴 수 있습니다. 실패가 보이는 길을 가려고 하시는 분께 잘 될 수 있을지도 모르니 열심히 해 보라고 말할 수는 없을 것 같네요. 그럼 이만 줄이겠습니다.

– 레인디 김현진 드림.

"뭐야, 이 자식."

조석환은 벌겋게 달아오른 얼굴로 모니터를 뚫어지게 노려봤다.

"잘 하라고 격려는 못 해 줄망정 시작부터 실패할 거라고? 야. 이 자식 몇 살이야?"

"서른두 살."

진승남은 딱딱하게 굳은 얼굴을 하고 반사적으로 대답했다.

"아후! 우리보다 고작 다섯 살밖에 더 먹지 않는 주제에……."

조석환은 쉽게 진정이 되지 않는 듯 씩씩거리며 좁은 방안에서 이리저리 걸어다니며 말을 이었다.

"야. 레인디라고 했지? 도대체 레인디가 뭐 하는 회사야?"

"……"

진승남은 조석환의 물음에 대답을 하지 못했다. 그는 레인디가 어떤 회사인지까지는 알지 못하고 있었다. 조석환은 진승남의 대답을 기다리지 않고 입을 열었다.

"됐다, 됐어! 그까짓 회사 알아서 뭐 하게. 유학……? 그러니까 집에 돈 많아서 고등학교 때부터 조기유학을 갔다 오셔서 집에서 대주는 돈으로 회사 차려놓고 저렇게 잘난 척을 한단 말이지? 야. 필요 없어. 그딴 사람 조언 들어 봐야 우리한테 도움될 거 하나도 없으니까 잊어버려."

"……"

진승남은 조석환의 말에 아무런 대꾸도 하지 않고 묵묵히 모니터를 바라보고 있다가 자리에서 일어났다.

"어디 가는 거야?"

조석환은 문으로 향하는 그의 등 뒤에서 물었다.

"문방구."

진승남은 굳은 얼굴로 대답했다.

"편지지 사러 간다."

"야…… 너! 그럼 설마……!"

조석환은 어이가 없다는 듯 입을 벌린 채 묵묵히 방을 나서는 진승남의 뒷모습을 바라봤다. 진승남은 입을 다문 채 신발을 신고 발걸음을 옮겼다.

고등학교 때부터 조기유학을 다녀오고, 유복한 환경에서 자라면서 집안의 도움으로 회사를 차린 그런 사람에게 그동안 애써 꿈꿔 왔던 자신의 꿈을 포기하라는 말을 들었다는 사실이 불쾌했다. 조석환의 말대로 그런 사람의 조언이라면 지금의 우리한테 아무런 도움이 될 리 없을 거라는 생각도 들었다. 하지만 이대로 물러설 수는 없었다. 오기가 생겼기 때문이었다.

"자기가 투자자가 되고 싶은지, 사업가가 되고 싶은지, 자영업자가 되고 싶은지, 아니면 샐러리맨으로 살아갈지는 누가 가르쳐주는 게 아니에요. 물론 정답은 없죠. 스스로 곰곰이 생각해보고 그 길을 가겠다고 결정한다면 거기에 맞는 준비를 하라는 거예요. 남들이 모두 창업을 하니까 무턱대고 창업을 한다는 건 무모하고 어리석은 일이에요."

김현진은 중학교를 다니다가 호주로 유학을 떠나 집안의 도움 없이 8년간 유학생활을 하였다.
현지에서 10대에 교육 컨설팅사업을 시작하였다. 운명적인 만남으로 한국으로 돌아오기로 마음을 먹고,
귀국 후, 넥슨과 에스엠엔터테인먼트에서 일을 하며 디지털 컨텐츠 사업에 관심을 가지게 되었다.
3년전 대학생들과 함께 인터넷기업 ㈜레인디를 설립하여, 길거리 뷰 서비스를 지도와 접목한
플레이스트리트라는서비스를 한국, 뉴질랜드, 덴마크, 호주에서 하고 있다.
레인디는 최근 미국 실리콘 밸리 IT전문지 레드헤링이 선정한 아시아 유망 100대 벤처기업에 선정되기도 하였다.
그는 현재 젊은 예비 창업자들에게 꿈과 희망을 전달하는 일을 하고 있다.

Kim Hyun Jin / krisent@raind.co.kr / @krisent

김
현
진

나 는 창 업 할 만 한 사 람 인 가 ?

(주)레인디 김현진 대표

낮시간이라도 지하철 2호선은 사람들로 붐볐다. 조석환과 진승남은 출입구 쪽 통로에 서서 곧 내릴 준비를 하고 있는 사람들 틈에 섞여 있었다. 진승남은 묵묵히 차창 밖만을 바라봤다. 레인디의 김현진 사장으로부터 전화가 온 것은 며칠 전이었다. 자존심이 구기는 답장을 받자마자 직접 편지를 써서 보낸 지 일주일만이었다. 김현진 사장은 진승남에게 만날 것을 제안했고, 그는 그 제안을 받아들였다. 그리고 그는 조석환과 함께 지금 약속장소로 가고 있는 중이었다.

"야. 입사 면접 보러 가는 것도 아닌데 너무 긴장하는 거 아니냐?"

조석환은 딱딱하게 굳어 있는 진승남의 표정을 보며 입을 열었다.

"그런가……"

진승남은 여전히 굳은 얼굴 표정으로 대답했다. 긴장하지 않으려 해도 긴장이 됐다. 도대체 어떤 사람일까……

■

"아……! 안녕하세요. 제가 김현진입니다."

테이블에 앉아 노트북을 만지작거리고 있던 한 사람이 자리에서 일어나 그들을 반겼다. 그는 스스로를 레인디 닷컴의 김현진 사장이라고 소개했다.

"누가 진승남 씨인가요?"

"접니다."

진승남은 얼떨떨한 표정을 지으면서 고개를 숙였다.

"전 조석환이라고 합니다."

조석환은 넉살 좋게 미소를 지으며 자신을 소개했다.

"뭐 드실래요? 여긴 셀프라서 직접 가서 주문해야 하거든요. 전 커피 마시고 있었어요."

김현진은 두 사람에게 자리를 권하며 자리에서 일어났다.

"아닙니다. 저희들 건 저희가……."

"에이. 먼 길 오셨는데 제가 사야죠."

김현진은 엉거주춤 자리에서 일어나려는 진승남에게 손을 내저으며 카운터를 향해 걸음을 옮겼다. 조석환이 조심스럽게 낮은 음성으로 입을 열었다.

"야. 저 사람 진짜 레인디 닷컴 사장 맞냐?"

"신문에 나와 있는 사진이랑 같잖아."

진승남은 고개를 끄덕였다.

"근데 영……."

조석환은 눈살을 찌푸리며 고개를 저었다.

"야. 회사 사장이라는 사람이 머리가 저게 뭐냐? 덥수룩해 가지고……
잘 보면 염색도 한 것 같은데?"

"……"

진승남은 조석환의 의심스러운 눈초리를 충분히 이해할 수 있었다. 주
목받는 벤처회사의 사장을 생각하면 말쑥한 슈트 차림에 단정한 머리스
타일, 전체적으로 굉장히 샤프한 느낌일 것이라고 예상했었다. 하지만 그
의 앞에 서있는 김현진은 그의 예상과 전혀 달랐다. 지극히 평범해 보이는
체격에 덥수룩해 보이기까지 한 머리, 게다가 엷게 염색을 했는지 머리 색
깔은 빛바랜 노란색이었다. 게다가 차림새는 벤처기업의 사장이라기보
다는 대학생처럼 캐주얼한 차림의 모습이었다. 만일 신문에 난 기사를 통
해 얼굴을 본 적이 없었다면 절대 그가 레인디 닷컴의 사장이라고 생각할
수 없을 거라는 생각까지 들었다.

"혹시 쌍둥이 아냐? 막상 만나겠다고 말은 해놨는데, 바쁘니까 쌍둥이
를 보낸 거 아니냐고."

조석환은 믿기지 않는다는 듯 말했다. 그때였다.

"저 레인디 김현진 맞아요. 걱정 마세요."

김현진은 두 사람이 주문한 아이스커피를 쟁반에 받쳐들고 걸어오며
말했다.

"가…… 감사합니다."

진승남은 벌게진 얼굴을 하고서 그가 내미는 커피를 받아들었다.

"하하하……. 오해하진 마세요. 김 사장님께서 너무 동안이시라……."

조석환은 한술 더 떠서 너스레를 떨었다.

"제 옷차림 때문에 많이들 그렇게 생각하시더군요. 전 이게 편한데."

자리에 앉으며 김현진은 재미있다는 듯 얼굴 가득 미소를 지었다.

"예전에 제가 존경하는 사장님 한 분이 이런 말씀을 하시더라구요. '슈트를 입기 위해서 성공하는 것이 아니라, 아무거나 입어도 되기 위해서 성공해야 한다.'고 말이죠. 우린 고급식당에 들어가서 무시당하지 않기 위해서 슈트를 입지만, 빌게이츠는 한 나라의 대통령을 만나는 자리에도 청바지를 입잖아요. 물론 나이 드신 사장님들을 뵐 때 이렇게 입고 나가면 벤처 사장 티낸다고 별로 안 좋아하시긴 해요."

김현진은 머리를 긁적였다.

"하지만 평소의 제 모습을 보여드리는 게 나을 것 같아서 이렇게 나왔어요. 혹시 불편하신가요?"

"절대 아닙니다. 이렇게 만나주신 것만 해도 감사하죠."

진승남은 크게 손을 내저으며 말했다.

"별말씀을요. 전 워낙 사람 만나는 걸 좋아해요. 그것 때문에 사업을 하는지도 모르죠."

김현진은 커피를 한모금 삼키며 말을 이어갔다.

"편지 잘 받았어요. 혹시나 했는데…… 역시 오더군요."

"혹시나 하셨다는 게…… 뭔가요?"

진승남은 의아한 듯 물었다.

'내가 편지를 안 쓸 거라고 생각했다는 말인가? 그런데 역시는 또 뭐지?'

"혹시 나이도 그리 많지 않은 제가 처음부터 충고한답시고 그런 답메일을 보내서 기분 나빠하셨다면 제 충고대로 직접 편지를 써서 보내지 않으실 거라 생각했죠. 하지만 역시 보내셨더라구요. 제 경험상 사업하겠다는 사람들은 그런 상황에서 보통 오기가 생겨서라도 포기하지 않더라구요. 승남 씨도 제가 말한 대로 직접 편지를 써서 보냈잖아요."

"아⋯⋯."

진승남은 고개를 끄덕였다.

"근데 인터넷으로 메일을 보내는 거랑 손편지를 써서 보내는 거랑 그렇게 차이가 많이 나는 겁니까?"

그때 조석환이 끼어들었다.

"이 친구가 보낸 인터넷 메일도 그리 성의 없어 보이진 않았는데요."

"야⋯⋯!"

진승남은 당황한 표정을 지으며 조석환을 바라봤다. 김현진에게서 온 답메일을 함께 읽을 때부터 조석환은 그에게 그리 달가운 마음을 갖고 있지 않았다. 나이도 그리 많이 차이가 나지 않는 김현진에게 기본 자세 운운하는 말을 듣게 되자 매우 불쾌해하기까지 했었다. 지금 던진 그의 말에서 김현진 역시 그것을 느꼈을 것이 분명했다.

"물론 승남 씨의 메일도 성의는 있었죠."

김현진의 표정에는 변화가 없었다.

"그럼 하나 묻죠. 저희 회사 레인디에 대해서 얼마나 알고 계신가요?"

"그건 제가 대답하겠습니다."

진승남은 조석환이 대답하기 전에 먼저 입을 열었다. 그는 조석환이 레인디에 대해 얼마나 알고 있을지도 몰랐고, 그가 또 어떤 말을 꺼내 분위기를 깰지 몰라 다급했다.

"구글맵 기반으로 지역 정보 검색인 '플레이스트리트 www.playstreet.net'를 서비스 하는 회사로 알고 있습니다. 번화가 위주의 지역별 지도와 길거리 사진을 볼 수 있고, 지역 정보를 검색할 수 있는 사이트더군요. 길거리 사진은 2차원으로, 상점의 실내는 3차원 파노라마 사진으로 제공되구요."

"잘 알고계시네요."

"물론 찾아봤죠. 뉴질랜드에 진출하셔서 플레이스트리트를 기반으로 하고 있는 '쇼스트리트 www.showstreet.com'를 오픈하신 것도 알고 있습니다."

진승남의 대답에 김현진은 만족스러운 듯 미소를 지으며 말했다.

"그것들을 처음 메일을 보낼 때도 알고 계셨나요?"

"그건······."

갑작스러운 물음에 진승남은 얼굴이 화끈거리는 것을 느꼈다. 그런 그의 반응에 김현진은 담담하게 말했다.

"처음 보내셨던 메일은 단체메일이었기 때문에 승남 씨가 알고 있었다 하더라도 메일을 받아 보는 제게는 그런 것들이 보이지 않았거든요. 나중에 온 편지에는 우리 회사에 대해 승남 씨가 어느 정도 알고 있다는 느낌을 확실히 받았어요."

그는 진승남을 향해 허리를 구부려 시선을 맞추며 말을 이어갔다.

"조언을 구하겠다는 사람이 자기에 대해, 자기 회사에 대해 아무것도 모른다는 느낌이 들게 된다면 메일을 받은 사람은 어떤 기분일까요? 기쁜 마음으로 자기가 갖고 있는 노하우를 알려주고 싶을까요?"

"······."

진승남은 고개를 떨궜다. 김현진의 지적은 정확했다. 그는 김현진을 비롯한 신문에 나와 있는 이들의 메일 주소를 알기 위해 홈페이지를 찾아보기까지 했지만 정작 그들에 대해, 그들의 회사에 대해 알고 있지 않았다. 단지 신문기사에서 언급한 몇 줄의 내용만으로 주목받고 있는 벤처회사라는 것과 그 회사를 경영하고 있는 사장이라는 사실만을 알고 있었을 뿐이었다. 그렇지만 다시한번 한 사람을 지목해 그에게 편지를 쓰게 되면서 그 사람에 대해, 그 사람이 운영하고 있는 회사에 대해 알아봐야만 했다. 모니터 안에서 보여지는 짧은 메일이 아닌, 아무것도 없는 빈 종이에 메일을 보냈을 때처럼 짧게 썼더니 남아있는 흰 여백이 마음에 걸렸기 때문이었다.

"진승남 씨에게는 제가 조언을 구하는 여러 명 중 한 사람이었겠지만, 제게 진승남이라는 사람은 단 한 명이에요."

김현진은 그의 붉어진 표정에 아랑곳하지 않고 말을 이어갔다.

"서론이 길었군요. 이제 사업 얘기를 해볼까요? 그런데 왜 사업을 하시려고 생각하시는 건가요?"

"왜라뇨……?"

진승남은 두 눈을 동그랗게 뜨고 김현진을 바라봤다.

왜라니……? 사업을 하려는데, 특별한 이유가 있어야 하는 건가?

"물론 돈을 벌려고 하는 거 아닙니까."

조석환이 어이없다는 듯 입을 열었다.

"취미로 사업할 리는 없잖아요. 사업을 해서 회사를 차리면 이윤을 창출해야 하는 건 어린 아이들도 알고 있는 사실이에요. 그런데 왜 사업을 하려는 거냐고 물으시는 건 참 이상하네요."

그의 얼굴 역시 벌겋게 달아올라 있었다. 처음 메일을 썼던 것과 두 번째 편지를 보냈을 때에 관한 지적은 충분히 적절한 것이었음에도 불구하고 마음에 들지 않았기 때문이었다.

"아. 제가 여쭤보는 건 정확하게 하고 싶은 게 어떤 건지 생각을 해봐야 한다는 말이었어요. 사람들이 살아가는 방법에는 네 가지가 있는데, 두 분은 어느 쪽인 거냐는 거죠."

김현진은 조석환의 반응에 당황한 듯 말을 꺼냈다.

"사람들은 인베스터^{investor} 즉 투자자, 임플로이이^{employee} 샐러리맨, 셀프임플로이이^{self-employee} 자영업자, 그리고 우리가 흔히 말하는 비즈니스맨^{businessman} 사업가의 네 가지 인생 중 한 가지를 선택해서 살아가요."

그는 테이블위에 수첩을 펼쳐놓고 가로 세로 한 줄을 그어 네 칸을 만들어 그 안에 투자자, 샐러리맨, 자영업자, 기업가를 써놓으며 말을 이어갔다.

"모든 것은 말 그대로 이해하면 될 거예요. 특징적으로 말씀드리면 투자자란 자기 것이 아닌 남의 것에 투자를 하는 이들이죠. 예를 들어 가수가 되고 싶어 하는 어릴 때의 정지훈을 보고 그에게 자본을 투자한 박진영이 비를 키워낸 것은 '투자'임에 분명하죠. 샐러리맨은 월급을 받는 직장인들이구요."

"하지만 자영업자와 사업가는 같은 말 아닙니까? 자영업자가 사업가의 범주 안에 들어간다고 보는데요."

진승남이 물었다.

"우선시하는 것이 달라요. 자영업자는 '돈'만을 벌기 위해서 사업을 하지만, 사업가는 돈보다는 가치를 창출하려는 이들을 말하는 거예요. 예를 들면 이렇죠. 내가 이 회사를 키워서 돈을 많이 버는 부자가 되고 싶다고 생각한다면 자영업자이고, 이 회사를 키워서 새로운 가치를 창출하겠다고 생각한다면 사업가로 분류해야죠."

김현진은 빙그레 미소를 지으며 말을 이어갔다.

"비슷한 말인 듯 보이지만, 거기에서 가장 큰 차이는 기업가정신이 있느냐 없느냐에 따라 달라요. 인베스터투자자가 되는 과정을 보면 확실히 알 수 있어요. 제가 알고 있는 대부분의 사업가들은 투자자의 인생을 살고 싶어해요. 사업에 성공한 뒤 누군가에게, 또는 어딘가에 투자를 하고 싶어하죠. 그 투자하는 대상은 가치를 창출하는 곳이 될 거예요. 하지만 자영업자는 사업에 성공해서 돈을 벌면 자신의 땅이나, 아파트에 투자를 하겠죠."

"그럼 돈을 벌려고 사업을 하는 자영업자는 틀렸다는 건가요?"

조석환은 눈살을 찌푸리며 물었다. 열심히 일을 해서 돈을 벌고, 잘먹고 잘 살겠다는 것이 틀린 것이라면 그가 알고 있는 많은 이들이 잘못된 길을 걸어왔다고 말해야만 하는 상황은 쉽게 납득이 가지 않았다.

"물론 아니죠."

김현진은 미소를 지으며 말했다.

"사업가의 삶을 살아간다, 자영업자의 삶을 살아간다, 샐러리맨의 삶을 살아간다는 것은 옳고 그른 게 없어요. 선택의 문제죠. 다만 제가 두 분께 그것을 묻는 것은 스스로 무엇을 하고 싶은지 그것을 알고 있느냐는 거였어요. 그것을 알아야 사업을 할 때 어떤 식으로 접근을 해야 할지 답이 나오게 되니까요."

"잘 이해가 되지 않습니다."

진승남은 답답한 듯 입을 열었다.

"자영업자로 시작해도 나중에 사업가가 될 수 있는 거고 사업가로 시작해도 자영업자가 될 수 있는 거 아닙니까. 처음부터 그렇게 선을 그어놓고 복잡하게 생각할 필요가 있을까요?"

"어항에 물고기를 키운다고 생각해 보세요."

김현진은 두 손을 오무려 동그랗게 만들어 보이며 말을 이어갔다.

"만일 어항을 한번 사서 바꿀 수 없는 조건이라고 해보죠. 처음에는 이렇게 조그만 어항에 들어갈 정도로 작은 물고기라고 해도, 그 물고기가 나중에는 얼마나 커질지 알고 있다면 처음부터 커다란 어항을 준비해야 할지, 작은 어항이면 충분할지 알 수 있을 거예요."

"너무 억지 아닙니까. 김현진 사장님과 저희는 상황이 다릅니다."

조석환은 답답한 듯 냉커피잔에 남아있는 얼음을 입에 넣었다.

"좋은 집안에서 태어나셔서 조기유학까지 다녀오시고, 집안 도움으로 회사를 차리면 처음부터 큰 회사, 가치를 창출하는 기업을 만들 생각을 하실 수 있겠지만, 저희처럼 손에 가진 거 없고, 내세울 거 없는 지방대생들은 당장 회사를 차려서 한 푼이라도 벌어야 하지 않겠어요?"

그는 아예 노골적으로 거부감을 드러내는 표정을 지으며 김현진을 바라봤다. 취업도 어렵고, 당장 사업을 하려고 해도 자본도 없는 막막한 상황에서 지푸라기라도 잡아보겠다고 찾아온 그로서는 김현진의 말이 고깝게 들리는 게 당연했다.

"오해를 하고 계신 모양이네."

김현진의 얼굴에 미소가 번졌다.

"제가 좋은 집안에 태어나서 조기유학을 다녀와서, 집안 도움으로 회사를 차렸다고 누가 그러던가요?"

"그…… 그야 상황이…… 당연하잖아요."

조석환은 삐딱한 말에도 얼굴색 하나 변하지 않고 질문을 던지는 김현진의 태도에 오히려 주눅이 든 듯 말꼬리를 흐렸다.

"제가 중학교를 마치고 호주로 유학을 간 건 사실이에요. 하지만 제가 도움을 받은 것은 호주행 비행기 티켓과 삼개월치 학비와 생활비 뿐이었어요. 호주에 도착했을 때 제 수중에는 700만 원이 있었고, 그게 집으로부터 받은 마지막 도움이었죠."

"예에?"

진승남과 조석환은 동시에 짧은 감탄사만을 내뱉고는 더 이상 아무런 말도 할 수가 없었다. 중학교를 졸업한 아이가 단돈 700만 원만 가지고 호주유학길에 올랐었다니…… 너무나 예상 밖의 이야기였다.

"학비도 생활비도 빠듯했어요. 그래서 아르바이트를 했죠. 처음 했던 아르바이트는 한국인이 하는 식당에서였어요."

그는 의자에 기대앉아 그때를 회상하기 시작했다. 진승남과 조석환은 묵묵히 그의 말에 귀를 기울였다.

중학교를 졸업하고 단신으로 날아온 호주. 수중에 있는 700만 원은 많은 돈이 아니었다. 그래서 시작한 아르바이트에서 만난 한국인 업주는 그리 좋은 사람이 아니었던 것 같다. 호주사람이 주인인 업소에서 일을 하는 것보다 아르바이트 급료는 훨씬 적었다. 김현진은 그 돈으로 생활을 할 수 없었기 때문에 어떻게든 호주사람이 운영하는 가게에서 아르바이트를 하려고 했다. 그런데 가장 문제가 된 것은 언어였다. 호주사람과 대화가 가능할 만큼 영어를 사용할 수 없으면 아르바이트를 옮길수가 없었다. 중학교를 졸업할 때까지 영어수업을 듣긴 했지간, 그것이 호주에서 생활하는 데 큰 도움이 되지는 않았다. 하지만 그는 어린 나이에 먹고 살기 위해 미친 듯이 영어를 공부했다.

결국 그는 수중에 있는 삼개월치 생활비가 떨어지기 전에 호주사람이 운영하는 가게에서 아르바이트를 시작할 수 있었다. 그것을 가능케 한 것은 '절실함'이었다.

그는 그때부터 호주에서의 유학 생활에 적응해나가기 시작했다. 그리고 그의 적응은 그에게 새로운 기회로 찾아왔다. 당시 김현진의 친구 중 도피 유학을 온 친구 하나가 학교에서 퇴학을 당하게 되었다. 그 친구는 영어도 유창하지 못했고, 도움을 줄 수 있는 부모들은 한국에 있는 상황이었다.

그때 그 친구는 유창한 영어를 사용하고 있는 김현진을 찾아와서 도움을 구했다. 당시 그는 학교 생활에도 확실히 적응해 장학생이 되어 있었다. 유학을 와 한국인 친구들과만 어울리고, 제대로 적응하지 못하고 있던 친구는 자신의 상황을 극복할 만큼의 의사소통이 되지 않았다. 김현진은 그에게 남아있는 유학 기간 동안 무엇을 공부하고 싶은지 물었다. 그리고 그는 그 친구가 적성에 맞지 않는 학교를 다니고 있다는 사실과 그가 호텔경영 쪽에 관심이 많다는 것을 알게 되었다. 그는 결국 친구를 호텔경영학에 특화된 전문학교에 입학시켰다. 그런데 학교 측에서는 김현진이 유학 에이전트인 줄 알고 학비의 10%에 해당하는 수수료를 지급했다. 단지 친구를 도와주기 위해 나섰던 일에서 뜻하지 않은 돈을 벌게 된 김현진은 거기서 그치지 않았다. 그는 당시 이민을 와서 아무일 없이 지내고 있는 형을 찾아가 50달러를 주고 그의 명의를 빌려 사업자등록을 냈다. 그것이 사무실도 없이 휴대폰 한 대로 시작한 16세 김현진의 첫 사업이었다.

그는 치열한 유학 에이전트 사업에서 승승장구했다. 그 이유는 비슷한 나이였기 때문에 고객인 학생들이 원하는 것을 그들 입장에서 찾아봐 줄 수 있었기 때문이었다. 많은 부모들은 처음에 김현진을 신뢰하지 않았다. 그들은 귀걸이를 세 개나 차고, 머리를 노랗게 염색한 16세의 어린 김현진에게 자식들의 미래를 맡긴다는 것이 불안했다. 하지만 그가 장학생이라는 사실, 그리고 단신으로 호주로 날아와 어려운 유학생활에 적응했다는 점을 인정하기 시작했다. 그리고 그의 고객은 점차 불어나 2년 만에 관리하는 고객의 수만 500명이 되었다. 김현진은 그들에게 따로 수수료를 받지 않고, 학교측에서만 돈을 받았다. 유학컨설팅 비용의 거품을 걷어내고, 학생들 입장에서 눈높이 컨설팅을 한 결과 그의 고객은 한국 유학생들뿐만 아니라, 홍콩, 중국, 일본, 스위스 학생들까지 영역을 넓혀갔다.

하지만 그는 유학 컨설팅 사업을 대학교 1학년 때 그만뒀다. 그것은 당시 과열된 유학 컨설팅 시장에서 그에 대한 견제가 많아서 학업과 함께 그 사업을 병행할 수 없었기 때문이었다.

그는 그때까지 벌어놓은 돈으로 세 군데의 대학을 다녔다. 첫 번째 대학에서는 호텔경영학을, 두 번째 대학에서는 뮤직 비즈니스를, 세 번째 대학에서는 컴퓨터공학을 전공했다. 물론 대학을 다니면서도 아르바이트를 하며 생활비와 학비에 보탰다.

"사업을 하면서 큰돈을 벌었던 경험이 있는데 차라리 사업을 하시지 그랬어요. 아르바이트는 돈을 적게 주잖아요."

그때까지 듣고 있던 조석환이 의아한 듯 물었다.

"유학 컨설팅 일은 제가 돈을 벌려고 했던 사업이 아니었어요. 전 지금도 돈 때문에 사업을 하지 않아요."

김현진은 빙그레 미소를 지으며 대답했다.

"그런데 호주에서 다시 한국에 들어오신 건 뭔가요? 사업을 하려면 그곳에서도 가능했을 텐데요."

진승남이 물었다. 보통 사업을 한다는 것은 인맥도 중요하고, 경험도 중요하다고 알고 있었다. 그렇다면 중학교를 졸업하고 호주로 유학을 간 김현진의 경우는 남들이 다 갖고 있는 고등학교, 대학교 때의 학연과 한국 사회에서 자라난 경험이 없을 게 분명했다. 진승남은 오히려 그가 호주에서 사업을 했다면 더 유리했을 텐데 왜 한국으로 들어왔는지 이해할 수가 없었다.

"혹시 한국에서 아버님께서 자금을 지원해 주신다고 해서 그러신 건가요?"

"아까도 말씀드렸듯이 제가 호주로 유학가면서 비행기표와 삼개월치 학비, 생활비가 제가 마지막으로 부모님께 받은 지원이었어요.”

김현진은 담담하게 말했다.

“돌아가신 김대중 대통령 때문이에요.”

“김대중 대통령 때문이라니…….”

“1999년에 김대중 대통령께서 호주를 방문했어요. 당시 컨벤션센터에서 저녁 만찬이 열렸고, 전 그곳에서 일을 하고 있었죠. 거긴 톰 크루즈나 빌게이츠 같은 사람들이 호주에 오면 들르는 곳이었어요. 그리고 슈퍼바이저는 제가 한국인이기 때문에 그 만찬의 리더를 맡겼죠. 그런데 음식이 정말 형편 없는 것들이 나오는 거였어요.”

김현진은 그때를 상상하며 눈살을 찌푸렸다.

“생각해봐요. 한나라의 대통령이 왔는데, 외국의 유명 영화배우가 파티를 할 때보다 형편없는 음식이 나온다면 그 나라를 얼마나 무시하는 거겠어요. 속상하기도 하고 쓸쓸하기도 했죠. 우리나라가 이렇게 밖에 대접을 못 받는구나…… 생각하니까 눈물이 날 정도였다니까요.”

그의 목소리는 떨리기까지 했다.

“사실 그때까진 호주에서 눌러살려고 생각했었어요. 하지만 그때 결심했죠. 한국에 가서 한국을 대표하는 기업을 만들겠다고 말이죠. 그래서 2000년 5월에 한국으로 돌아왔어요. 그때가 22살이었어요.”

김현진은 자신의 과거를 말하면서 조금은 상기된 얼굴을 하고는 마주 앉아 있는 둘을 바라봤다.

“한국에 들어왔을 때 제 수중에 돈은 70만 원 정도 있었어요.”

“저…… 정말 그 70만 원으로 레인디를 키우신 거라구요? 주목받는 벤처 회사라고 신문에까지 난 회사를요?"

조석환은 믿기지 않는 표정으로 김현진을 바라봤다.

"처음에는 UCC를 기반으로 하는 '팬덤TV'를 서비스하다가 투자를 받지 못해서 접고, 다시 대학생들 수강시간표를 짜주는 '라이프튜브'라는 서비스를 시작하였죠. 둘 다 안타깝게도 실패했어요. 하지만 '라이프튜브'는 후에 '플레이스트리트'로 발전하죠."

김현진은 자신의 실패담을 얘기할 때는 쑥스러운 듯 머리를 긁적였다.

"제가 드릴 말씀은 두 가지예요. 첫째, 자신을 파악하라."

김현진은 조금 전 자신이 투자자, 샐러리맨, 사업가, 자영업자의 영역을 그렸던 수첩을 펼쳐보이며 말했다.

"자기가 투자자가 되고 싶은지, 사업가가 되고 싶은지, 자영업자가 되고 싶은지, 아니면 샐러리맨으로 살아갈지는 누가 가르쳐 주는 게 아니에요. 물론 정답은 없죠. 스스로 곰곰이 생각해보고 그 길을 가겠다고 결정한다면 거기에 맞는 준비를 하라는 거예요. 남들이 모두 창업을 하니까 무턱대고 창업을 한다는 건 무모하고 어리석은 일이에요."

"……"

진승남은 남들이 창업을 하니까 무턱대고 창업을 한다는 것이 어리석은 일이라는 말에서 조석환을 돌아봤다. 얼마 전 조석환은 그에게 지금 대세는 창업이라며 창업을 하자고 말했었다.

"야…… 왜 날 봐!"

조석환은 얼굴이 벌겋게 달아오른 채 목소리를 높였다.

"난 남들이 창업을 한다고 창업을 하겠다는 건 아냐. 물론 내가 사업가를 원하는지, 자영업자를 원하는지는 정확하게 알지 못하지만 어쨌거나 난 창업을 하기로 마음 먹었다구. 1인 창업을 하면 나라에서도 도와준다잖아. 게다가 앱 사업이 얼마나 좋아? 투자금액은 적게 들어가지, 게다가 유통도 필요없잖아. 스마트폰 사용자들이 앱 스토어에 접속해서 살 테니까 말이야. 이게 바로 누워서 떡먹는 사업이잖아. 안 그런가요. 김 대표님?"

그는 도대체 왜 자기 생각을 인정하지 않는냐는 억울한 표정을 지으며 진승남과 김현진을 바라봤다.

"그럼 하나 묻죠."

김현진이 입을 열었다.

"1인 창업으로 아이폰 앱개발을 하는 게 지속적인 사업으로 연결될 수 있다고 생각하시는 건가요?"

"그게 무슨 말씀이세요? 당연하잖아요. 이제 스마트폰은 예전에 개인용PC처럼 누구나 갖게 될 생활필수품이 될 거라구요. 그렇다면 거기에 들어가는 소프트웨어인 스마트폰 앱은 엄청난 시장을 갖고 있는 거라구요. 아닌가요?"

조석환은 어처구니 없다는 듯 되물었다.

"제가 말씀드리는 건 두 분이 생각하시는 1인 창업으로서의 아이폰 앱개발을 말하는 거예요."

김현진은 고개를 저으며 말했다.

"물론 아이폰 앱개발이 유행처럼 번지기 전에는 혼자서 앱 개발을 한 고등학생이 앱스토어에 올려서 한 달에 몇백만 원의 수익을 얻기도 했었죠. 하지만 지금은 어떤가요? 수없이 많은 사람들이 스마트폰 앱 개발에 매달리고 있어요. 하나의 앱을 개발했다고 하더라도 금방 새로운 앱이 만들어져 뒤로 밀려나는 상황이에요. 그런데 혼자서 앱을 만드는 1인 창업 기업이 얼마나 버틸 수 있을까요?"

"……"

"베스트셀러 앱은 극소수이고, 대부분의 앱은 몇 달에 한번 팔릴까 말까한 상황이에요. 그런 상황에서 혼자서 스마트폰 앱을 개발하는 1인 창업이 안정된 회사로 키워질 수 있을지에 대해선 생각해봐야 할 문제라고 생각해요. 혼자서 앱을 개발하는 건 아이디어뿐만 아니라 기술적으로도 한계가 있잖아요. 설마 앱 한두 개만 개발하면 회사가 운영될 수 있을 거라고 생각하는 건 아니겠죠?"

"……"

조석환은 김현진의 말을 듣는 내내 아무런 말도 할 수가 없었다. 그런 그를 바라보며 김현진은 한 마디 덧붙이는 것을 잊지 않았다.

"창업이란 거, 누구나 할 수 있어요. 사업자 등록만 하면 되는 거잖아요. 하지만 문제는 그 뒤겠죠. 1인 창업이든, 회사를 차리든 그 뒤에 어떻게 회사를 운영해나가느냐가 문제인 거죠. 스마트폰 앱 개발하는 건 기술 있는 사람은 누구나 할 수 있어요. 하지만 그 뒤가 문제겠죠. 한두 개 스마트폰 앱을 개발해서 그걸로 불규칙적인 수익을 얻어내는 건 창업이라기보다는 프리랜서 개발자에 가깝지 않을까요?"

그는 진승남을 향해 고개를 돌렸다.

"승남 씨는 어때요?"

진승남은 고개를 끄덕였다.

"전 프리랜서가 될 생각은 없습니다. 사업가가 되고 싶어요. 저희가 스마트폰 앱 개발을 생각했던 건 쉽게 접근할 수 있을 거라는 생각 때문이었어요. 대표님 말씀을 듣고 저희가 갖고 있는 생각에 대해서는 다시 한번 분석해 볼 생각입니다."

"그렇다면 좋아요. 그럼 두 번째를 말씀드려야겠군요."

김현진은 빙그레 미소를 지었다.

"두 번째는 겁먹지 말라는 거예요."

"겁먹지 말라……."

진승남은 김현진의 말을 따라하듯 되뇌었다. 그는 군대를 제대하고 사업가의 꿈을 접었었다. 그것은 내세울 것 없어 보이는 지방대 졸업생이라는 간판과 든든하게 뒤를 받쳐줄 수 없는 집안 형편이라는 두 가지 때문에 겁을 먹었기 때문이었다.

"많은 사람들이 사업을 한다고 하면 겁부터 먹는 경향이 있어요. 학벌이 좋고, 돈이 많다고 해서 사업가가 될 수 있는 것은 아니에요. 물론 그런 것들이 처음 시작할 때는 많은 도움이 될 수 있다는 것은 부정하지 않겠어요. 하지만 그것만으로 사업을 하는 것은 아니에요."

"하지만 '사업은 인맥이다' 라는 말도 있던데요."

진승남은 조심스럽게 말했다.

"서울대, 연대, 고대를 기를 쓰고 가려는 건 학교 이름이라는 간판도 있지만 그 안에서 만들 수 있는 인맥도 대단히 중요하게 생각하기 때문이 아닐까요?"

"제가 처음 한국에 왔을 때만 하더라도 제 핸드폰에는 중학교 동창 녀석 두 명만이 입력되어 있었어요."

김현진은 담담하게 말을 이어갔다.

"처음에는 승남 씨가 말한 대로 학연, 지연, 혈연이 제게 엄청난 걸림돌이었죠. 하지만 처음 메일을 보냈을 때 말씀드렸듯이 전 무작정 각 분야에서 성공가도를 달리고 계시는 사장님들께 편지를 보냈어요. 그리고 만나게 되었죠. 그것이 제 인맥의 시작이에요."

진승남은 그가 보냈던 메일 내용을 떠올렸다. 싸이더스HQ의 정운탁 대표, 넥슨의 김정주 대표, NC소프트의 김택진 대표 등 이름만 들어도 알 만한 이들에게 편지를 보냈다는 김현진의 이야기는 쉽사리 잊혀지지 않는 것이었다.

"결국 전 그 덕분에 넥슨에서 일을 하게 되었고, 1년 동안 창업에 필요한 인맥을 쌓을 수 있었어요. 그 뒤로 그때 알게 된 인맥들이 씨앗이 되어서 지금은 사업하시는 분들 사이에서 '마당발'이라고 불리고 있을 정도예요. 오지랖이 넓다고들 하시는데, 전 제가 알고 있는 분들 일을 그냥 지나치는 법이 없었어요. 그분들이 뭔가 문제가 있거나 고민거리가 있을 때 제가 알고 있는 다른 분들이 그것에 대해 도움을 줄 수 있는 상황이라면 무조건 소개해 주고, 연결해 주려고 애썼어요. 처음에 저를 알게 된 분들은 저를 경계하셨을지 모르지만, 그런 저의 모습을 보시고 마음을 열어주셨지요."

"사업을 하시느라 바쁘셨을 텐데……."

"원래 생겨먹기를 그렇게 생겨먹어서 사람 만나고 인연 맺는 걸 좋아해요."

진승남의 물음에 김현진은 빙그레 미소를 지었다.

"제가 할 수 있으면 승남씨나 석환씨도 할 수 있을 거예요. 중학교를 졸업하고 호주로 유학 간 저보다는 두 분이 스타트 라인에 섰을 때 아는 분들도 더 많고, 도움을 받을 수 있는 기회도 더 많을 거예요. 그리고 그 뒤로 이어지는 기회는 두 분이 만들어가야 하는 거구요."

"휴…… 말씀을 들으니까 자신감이 좀 생기네요."

조석환은 밝아진 얼굴로 안도의 한숨을 내쉬며 말했다.

"이제 플레이스트리트같이 기발한 아이디어를 개발하기만 하면 저희도 성공할 수 있다는 거군요."

"아이디어만 가지고요?"

"예. 아이티벤처에서는 아이디어, 즉 아이템이 가장 중요한 거 아닌가요?"

진승남 역시 반문하는 김현진의 얼굴을 바라보며 물었다.

"소비자가 반할 만한 아이디어가 있으면 그것이 돈이 되는 거잖아요. 텔레비전에서도 아이디어 하나로 대박난 사람들이 많다고 얘기들 하던데요."

"과연 그럴까요?"

김현진은 입꼬리를 살짝 말아올리며 질문을 던졌다.

"……"

"……"

진승남과 조석환은 섣불리 대답 할 수가 없었다. 김현진의 표정을 보아하니 분명 다른 생각이 있는 것 같은데, 그것을 알 수가 없었다.

"자. 그럼 이렇게 해보죠. 제가 이미 성공한 사업가도 아니고, 사실 두 분보다 그리 나이도 많지 않기 때문에 사업에 대해서 모든 것을 안다고 할 수도 없잖아요."

김현진은 수첩을 뒤적이며 그 안에서 무언가 작은 종이조각을 하나 꺼내 내밀었다. 그것은 하나의 명함이었다.

"우선 이분을 한번 만나보도록 해요. 아이토닉이라는 회사의 대표이신 박성준 사장님이세요. 이분을 한번 찾아 뵙고 과연 아이디어가 창업에 가장 중요한 것인지에 대해 여쭤보세요. 그분 말씀을 듣고 나서 제가 드린 질문에 답을 해 주세요."

박
성
준

"지능형 토이를 개발할 때도 우린 지능형 토이 하나만 가지고 그 사업에 뛰어들었어요. 월급도 학생이니까 그리 신경 쓰지 않았고, 그 아이디어가 실현되면 돌아올 막대한 결과에 주목하고 있었죠. 그러다가 그 아이디어가 단가계산에서 불가능하다는 결론이 나왔을 때 그곳에 모여 있던 사람들은 모두 흩어져 버렸어요. 그것이 아이디어가 갖는 한계예요."

박성준은 일반 사용자들도 손쉽게 3D 동영상을 만들 수 있는 클로즈업 서비스를 제공하는 ㈜아이토닉의 대표이다. 어린 시절부터 프로그래밍을 좋아하던 박성준은 대학원에 진학하면서 스티커 명함으로 사업을 시작하였다. 그 후 할인 쿠폰 사업, 배달을 전문으로 하는 비디오 대여점, IP폰, 지능형토이 등 다양한 사업의 경험은 그에게 사업은 아이디어가 아닌 사람이 중요하다는 것을 깨닫게 하였다. 최근에는 새로운 사용자 경험을 증시하는 스마트폰 앱개발 스튜디오인 [Alice App]을 설립하여 의욕적으로 성장시키고 있다

Park Sung Jun / sjpark@itonic.co.kr / @sjpark73

좋은 아이디어가 성공을 보장하는 것은 아니다

(주)아이토닉 박성준 대표

김현진과의 대화는 진승남과 조석환에게 많은 것을 던져주었다. 그들은 처음으로 막연하게 취업의 대안으로서의 막연한 창업이 아닌, 현실적인 창업에 대해 많은 대화를 나눌 수 있는 기회를 주었다.

"야. 그런데 그 김현진이라는 사람, 도대체 왜 그렇게 잘해주는 걸까?"

한참의 대화 후 조석환은 고개를 갸우뚱 하며 진승남을 바라봤다.

"자기 입으로 오지랖이 넓다고 말했잖아."

거울을 바라보며 옷매무새를 고치고 있던 진승남은 거울을 통해 조석환을 바라보며 말했다.

"우리야 많은 사업가를 만나볼수록 좋은 정보도 얻고, 인맥도 넓히는 거니까 손해볼 거 없잖아."

"하긴…… 그렇지."

조석환은 어깨를 으쓱하며 말하다가 벽에 걸린 시계를 바라보고는 재촉하듯 말했다.

"야. 약속시간까지 가려면 서둘러서 가야겠다."

김현진을 만나고 온 삼일 후 진승남과 조석환은 아이토닉의 박성준 사장을 만나기로 약속이 되어있었다. 진승남은 전철역으로 향하면서 스스로에게 계속해서 질문을 던졌다.

'내가 말한 대로 김현진 사장은 오지랖이 넓어서 우리를 도와주는 걸까?'

'김현진 사장은 아이디어, 아이템이 사업의 성공을 좌우하는 데 중요하다고 생각하지 않는 걸까? 요즘 같은 아이디어 시대에 좋은 아이디어 하나만 있으면 성공하는 것은 당연한 게 아닐까?'

아직은 답을 알 수 없는 질문들이 아이토닉 사무실에 도착할 때까지 이어졌다. 회사는 사당역에서 6, 7백미터 떨어진 곳에 있는 작은 건물 2층에 위치하고 있었다.

■

회사에 들어가 아무 직원이나 잡고 사장님을 뵈러 왔다고 하자 진승남과 조석환은 작은 회의실로 안내받을 수 있었다. 그곳에는 뭔가를 골똘하게 생각하고 있는 한 사내가 앉아 있었다. 그를 처음 보고 진승남은 속으로 실베스타 스텔론을 꽤나 닮았다는 생각을 잠깐 했다. 탄탄한 체격에 눈꼬리가 조금 쳐져 있는 그 사람은 직원이 그를 부를 때까지도 생각에 잠겨 있었다.

"사장님. 손님 찾아오셨는데요."

"아……!"

그제야 출입구 쪽에 뻘쭘하게 서있는 진승남과 조석환을 발견한 그는 서둘러 자리에서 일어났다.

"안녕하세요. 전 진승남이라고 합니다."

"전 조석환이라고 합니다."

진승남과 조석환은 그에게 머리를 숙였다.

"안녕하세요. 김현진 대표한테는 미리 얘기 들었어요. 박성준이라고 합니다. 앉으세요."

박성준은 명함을 건네며 진승남과 조석환에게 자리를 권했다.

"바쁘신데 찾아온 게 아닌가요?"

진승남은 자리에 앉으면서 조심스럽게 물었다.

"하하하. 아니에요. 그냥 잠깐 이 생각 저 생각 하고 있었어요. 괜찮아요."

박성준은 사람좋은 미소를 지으며 자리에 앉았다.

"현진이한테 얘기를 들었는데, 제게 뭐 여쭤보실 게 있다고 하던데……."

"예. 저희는 창업을 준비하는 학생들입니다. 김현진 사장님께서 저희들에게 박성준 사장님을 찾아 뵙고 저희들이 생각하는 사업에 대해서 말씀드린 다음에 박성준 사장님의 생각을 들어보라고 하셔서요."

진승남은 그가 건넨 명함을 만지작 거리며 입을 열었다. 막상 새로운 사업가를 만나게 되니 자연스럽게 긴장이 되기 시작했다.

"아이토닉은 3D영상을 회원이 직접 만들어서 짧은 3D 애니매이션을 만드는 클로즈업이라는 서비스를 하는 것은 알고 있습니다."

"해 보셨어요?"

자기 회사의 이야기를 꺼내자 박성준이 호기심 어린 눈빛으로 진승남을 바라보며 물었다.

"조금 해 봤는데요, 걷고 뛰고, 춤추고 하는 것쯤은 만들 수 있는데, 아직 익숙치 않아서 어렵던데요."

"그럴 거예요. 자기가 좋아하는 캐릭터를 이용해서 3D 영상을 만드는 건 처음에는 쉽지 않죠. 원래 영화감독이나 CF감독들이 3D콘티 작업을 할 수 있도록 만들었는데, 아직은 미리 제공되는 리소스를 가지고 영상을 만들어야 하는 단점 때문에 프로들보다는 초등학생이나 중학생 회원분들이 많이 이용하고 있어요. 그분들도 익숙해지기까지 조금 시간이 걸리는 것 같더라구요."

"어쨌든 기발한 아이디어 아닙니까."

조석환이 끼어들었다.

"영화관이나 비디오로 보는 영상, 그것도 최첨단이라는 3D 영상을 직접 내 손으로 만든다는 건 진짜 대단한 아이디어라고 생각합니다. UCC 분야의 새로운 개척자라고 해도 과언이 아닐 것 같습니다. 부럽네요."

그는 엄지손가락을 치켜들어 보였다.

"그렇게 칭찬을 해주시니 부끄럽네요."

박성준은 멋쩍은 듯 미소를 지어보였다.

"역시 아이디어가 최고죠?"

"무슨…… 말씀이신가요?"

조석환의 물음에 박성준은 얼떨떨한 표정을 지으며 물었다.

"지난번 김현진 대표님을 뵈었을 때 제가 그랬거든요. 아이티벤처를 창업할 때 가장 중요한 게 아이디어라고요. 그랬더니 박성준 사장님을 뵙고 한번 말씀을 들어보라고 하시더라구요."

"아……! 이제 왜 현진이가 두 분께 저를 소개해 줬는지 이해가 가네요."

박성준은 미소를 지으며 말을 이어갔다.

"결론부터 말씀드리면 저희 아이토닉은 '아이템 중심'의 회사가 아니라, '사람 중심의 회사'예요. 아이템은 성공하기 위한 몇 가지의 성공요인들 중 하나일뿐이죠. 저 역시 그것을 깨닫기까지 많은 시행착오를 거쳤어요."

박성준은 아련한 눈빛으로 그때를 회상하기 시작했다.

박성준은 어렸을 때부터 컴퓨터 프로그램을 만드는 것에 푹 빠져 있었다. 초등학교 6학년 때 LG의 전신인 금성에서 나온 FC30이라는 컴퓨터를 처음 갖게 되었을 때도 그는 잡지의 부록으로 들어있는 베이직 소스를 직접 타이핑해서 그만의 게임 소프트웨어를 만들거나, 다른 이들이 만들어놓은 프로그램을 변형하는 걸 취미로 할 정도였다.

중고등학교 때는 공부하느라 그 취미 생활을 잠시 접어두었었지만, 결국 학과를 선택할 때는 어릴 때부터의 꿈을 잊지 않고 서울대학교 전기공학부에 진학을 했다.

프로그램을 짜는 것을 좋아했던 그는 그것을 사업으로 연결할 꿈을 갖고 있었다. 결국 그는 96년도에 대학원에 진학하면서 꿈을 실현하기로 마음먹었다. 당시 그에게는 기발한 아이디어가 있었다. 바로 스티커 명함이었다.

고객의 정보를 컴퓨터에 입력하면 예쁜 캐릭터가 그려진 스티커의 적절한 위치에 인쇄가 되도록 프로그램을 만들었다. 그는 아버지에게 무릎을 꿇고 첫 사업자금 300만 원을 지원받았다. 그리고 이화여대에

서 디자인을 전공하는 친구 동생을 설득해 함께 스티커 명함 사업을 하
기로 했다. 사업자금인 300만 원으로 노트북과 인쇄기를 마련하고 신
촌에 좌판을 깔고 스티커 명함 사업을 시작했다.

그것이 박성준의 첫 번째 사업이었다.

"우와. 스티커 명함 한때 엄청 떴었는데!"

조석환은 목소리를 높이며 박성준을 놀라운 듯 바라봤다.

"그럼 박성준 사장님은 스티커 명함으로도 성공하셨었군요?"

"그게……"

박성준은 멋쩍은 듯 뒷머리를 긁적이며 말했다.

"그때 제가 했던 건 실패했구요, 말씀대로 스티커 명함이 유행했던 건
제가 했었을 때보다 3년 정도 지난 후였어요. 전 300만 원 날려먹고 남은
거라고는 산더미처럼 쌓여진 스티커 명함뿐이었죠."

"아이디어는 좋았는데, 3년 후에 뜰 아이템을 너무 일찍 시작하셔서 그
랬던 건가요?"

진승남은 궁금한 듯 조심스럽게 물었다. 과거의 실패에 대해 묻는다는
게 껄끄럽기도 했다. 하지만 박성준은 담담했다.

"나중에 스티커 명함이 유행되는 걸 처음 봤을 때는 분명 그렇게 생각
했죠. 너무 빨랐다…… 하지만 지금 생각해보면 그런 게 아니었어요."

"빨라서가 아닌가요?"

"전 아이디어를 내는 걸 좋아하고, 그 아이템을 사업화하는 것까지는
제대로 했던 거예요. 사업자금을 마련하고 노트북과 인쇄기를 사서 신촌

에 좌판을 깔았으니까요. 하지만 그 뒤부터가 문제였죠."

그는 짧게 한숨을 내쉬며 말을 이어갔다.

"아이디어와 상품이 좋으니 무작정 잘 될 거라고만 생각했지, 어디서 소비자를 만나고, 어떻게 영업을 해야 한다는 것에 대한 고민이 없었어요. 그게 실패의 원인이었어요."

박성준은 또 다시 과거의 이야기를 담담하게 풀어내기 시작했다.

두 번째 창업은 98년도에 결혼을 하면서 시작되었다. 그때 당시 서울대에는 창업보육센터가 생기고 벤처 창업을 하는 이들을 심심치 않게 볼 수 있었다. 그러면서 서울대학교 학생과 대학원생들의 창업 네트워크가 각각 태동하고 있었다. 박성준은 대학원생들의 창업네트워크인 '벤처프로'의 일원으로 98년도에 창업보육센터에 입주해 창업을 준비했다.

그는 같은 학교를 다니는 아내와 성악과에 다니는 처남, 그리고 과 후배 2명과 함께 학교 주변 상점의 할인정보를 할인쿠폰으로 발행하는 쿠폰 사업을 시작했다. 학교 앞 거리로 나가 학생들에게 할인을 원하는 업종에 대한 선택을 받고, 그 선택된 업종의 상점과 연결해 할인쿠폰을 학생들의 메일로 보내주는 것이었다. 박성준은 항상 쪼들릴 수밖에 없는 학생들의 주머니 사정과 조금 할인해 주더라도 많은 고객이 찾아오기를 바라는 상인들의 수요가 맞아떨어질 거라고 생각했다. 그리고 사업은 잘 될 것처럼 보였다.

"그거 요즘도 활발하게 하는 사업이잖아요."

조석환은 또 다시 목소리를 높였다.

"소비자들에게 할인 정보랑 할인쿠폰을 줘서 업소에 찾아가게 하고, 업소에서 수수료를 받는 사업 어디서 본 것 같은데. 그걸 10년 전에 하실 생각을 하셨다니…… 대단하신데요."

"대단하진 않죠. 결국 실패했거든요."

박성준은 씁쓸한 듯 입맛을 다셨다.

"처음 20개 점포까지는 계약이 수월했죠. 처음에는 몇 달 굶겠다고 일을 시작했기 때문에 별 문제가 없었는데, 몇 개월이 지나도 계약한 점포의 수가 늘지 않더라구요."

"왜요?"

"당시 업주들을 만나는 영업을 제가 직접 했어요. 그런데 제겐 업주들에게 왜 할인쿠폰 사업에 동참해야 하는지를 제대로 설명할 수가 없었던 거죠. 지금이야 그런 사업들이 많이 있으니까 업주들도 그 필요성을 알고 있지만, 그 당시에는 전혀 새로운 모델이었기 때문에 업주들을 설득할 수가 없었어요."

"아……."

진승남과 조석환은 안타까운 듯 고개를 끄덕였다.

"두 번째 실패 역시 전 아이디어만 믿고 있었던 거죠. '이렇게 하면 좋아하겠다.' '이렇게 하면 재미있겠다.'는 생각만 가지고 제가 좋아하는 프로그램을 만들기 바빴어요. 우리 사업에 쓰인, 자동으로 이메일을 보내고, 사람들의 성향을 분석해서 알맞은 할인 정보를 찾아내고 하는 그런 프로그램은 당시에 모두 제 손을 거쳐서 만들어졌으니까요."

"그런데 결혼하셨다고 하셨잖아요. 사업에 실패하셨는데 어려움은 없으셨어요?"

진승남은 박성준의 상황을 상상하며 물었다. 결혼과 함께 사업을 시작했다가 실패했으니 상상만으로도 한숨이 나왔다.

"힘들었죠. 2000년도에 박사과정에 들어가기까지 부모님의 도움도 있었고, 그 전에 저축해놓은 돈으로 버텨야만 했죠."

박성준은 고개를 끄덕였다.

"그래서 대학원을 다니면서 작은 돈벌이라도 해보려고 비디오 가게를 차렸어요."

"비디오 가게요?"

"제가 비디오를 좋아했거든요. 결혼할 때 부모님들의 도움으로 얻은 전셋집을 빼고 더 싼 집으로 옮겼죠. 그리고 봉천동에 작은 창고를 하나 빌렸어요. 그곳이 저희 비디오 가게였죠."

박성준은 비디오 가게를 차리기로 마음먹고 비디오 가게를 분석했다. 보통 비디오 가게를 찾아오는 손님들은 대부분 신프로를 찾는다. 그리고 신프로가 없으면 구프로를 빌려가는 것이 아니라, 발길을 돌렸다. 하지만 비디오 가게 입장에서 찾는 고객들이 많다고 해서 신프로를 한꺼번에 많이 들여놓을 수는 없는 노릇이었다. 신프로라 할지라도 얼마간의 시간이 지나면 손님들이 찾지 않게 되고, 결국 자리만 차지하는 처치 곤란한 개수 많은 구프로로 전락하기 때문이었다.

박성준은 그런 점에 착안해서 아예 온라인 비디오 가게를 차렸다. 구프로를 아예 들여놓지 않고, 신프로만을 들여놨다. 그리고 고객들에게 신프로를 대여하는데 스케줄을 만들어주고, 배달원을 통해 배달과 수거를 하게 했다. 고객들 입장에서는 즐겨 찾는 신프로를 빌리기 위해

발품을 팔지 않아서 좋았고, 가게 입장에서는 인기 없는 구프로 비디오 테잎을 들여놓지 않아서 좋았다.

박성준은 온라인 배달 시스템의 비디오 가게가 자리를 잡기시작하면서 한 가지 실수를 하게 되었다. 그것은 바로 간판을 다는 것이었다. 밖에서 볼 때 창고처럼 생긴 비디오 가게의 앞에 '퀵비디오'라고 간판을 달았다. 그런데 그때부터 문제가 불거지기 시작했다.

그 전까지는 가게에 간판을 걸어놓지 않았기 때문에 지나가던 사람들이 그곳을 찾아올 리 없었다. 그런데 간판을 달아놓자 지나가는 사람들 중 가끔가다가 비디오 가게 안으로 찾아오는 것이었다. 비디오 가게 안은 말 그대로 창고 같았다. 그때 당시 비디오 가게 안에서는 아직 완전히 접지 않고 명맥만 유지하고 있는 쿠폰메일 사업도 그곳에서 진행하고 있었고, 신프로 스케줄을 위한 프로그램도 그곳에서 만들었다. 사람들이 찾아올 일이 없었다. 그런데 자꾸만 사람들이 찾아오니 너저분한 모습보다는 깔끔한 모습이 좋겠다 싶어 인테리어 공사를 했다. 그리고 가끔가다 구프로를 찾는 손님들을 돌려보낼 수가 없어서 오래된 구프로 비디오테잎도 가져다 놓았다.

"그랬더니 결국 보통 비디오 가게랑 똑같아지더라구요."

한참을 얘기하던 박성준은 찻잔을 들어 입술을 적셨다.

"저는 그때까지 아이템 하나만 가지고 사업을 하면 성공하는 건 줄 알고 있었어요. 하지만 그 뒤에 두 번의 사업 프로젝트에 참여하는 과정에서 그것이 틀렸다는 것을 알게 됐죠."

그는 진승남과 조석환을 바라보며 담담하게 말했다.

"아마 그 두 번의 경험이 지금의 아이토닉을 만들었다고 생각해요."

박성준은 비디오 가게를 접지 않은 상태에서 사업을 준비하고 있는 친구 4명의 사업 프로젝트에 참여하게 되었다. 그 프로젝트는 바로 인터넷 IP폰 사업이었다.

　　2010년인 지금이야 일반 전화보다 070으로 시작하거나, 집에서 쓰던 번호 그대로 사용하는 인터넷 전화가 많이 있지만, 그 당시만 하더라도 인터넷 전화 사업은 막 시작을 하던 단계였다. 당시 가장 앞서가고 있던 회사로는 새롬데이타맨이라는 회사가 있었을 정도였다. 새롬데이타맨에서 진행하는 인터넷 폰 사업은 컴퓨터에 헤드폰과 마이크가 달려 있는 헤드셋을 연결해 프로그램을 연결해 인터넷으로 전화를 거는 방식이었다. 하지만 그가 친구들과 진행하게 된 프로젝트는 지금의 모습처럼 인터넷폰 기계를 직접 사용해 컴퓨터 없이 인터넷 전화를 거는 방식이었다.

　　그 프로젝트를 성공시키기 위해서는 많은 것들이 필요했다. 그중에 박성준이 맡은 분야는 TCP IP개발모듈을 만드는 것이었다. 하지만 그가 맡은 분야의 개발도 그렇고, 다른 친구들이 맡은 분야도 그렇고 그것들을 모두 개발하는 데는 적지 않은 시간이 필요했다. 그런데 거기서 현실적인 문제가 불거져나왔다. 혼자 결혼을 했고, 돈이 필요했던 박성준은 함께하는 동업자들에게 사업프로젝트 이외에 다른 회사에서 도움을 요청하는 용역일을 하자고 제안했었다. 지금이야 기술력이 있는 벤처기업들은 자신들의 아이템을 완성하기 전에 금전적인 문제를 해결하고자 다른 회사에서 의뢰하는 용역일을 하는 것이 보통의 일이었지만, 그 당시는 그렇지 않았다. 게다가 함께 동업하는 친구들은 모두 결혼도 하지 않고, 당장의 경제적인 어려움을 감수하자는 생각들이었다.

　　그것이 그와 동업자들간에 생긴 트러블의 시작이었다. 결국 그것이 원인이 되어서 박성준은 회사를 나와 대학원에 진학을 결심하게 되었다. 그때 그는 단지 한 가지의 아이템을 중심으로 모인 동업자들의 관계가 아이템을 떼어놓고 보면 너무나 쉽게 무너질 수 있다는 사실에 안타까움을 느꼈다.

박성준은 박사과정 대학원에 진학하면서 비디오 가게를 접었다. 그런데 학업에 충실하고자 했던 그에게 뜻하지 않은 또 한 번의 기회가 찾아왔다. 당시 대학원 연구실의 담당 교수님이 그에게 지능형 토이를 만드는 사업 프로젝트를 내놓으셨던 것이었다. 지능을 갖고, 음성인식을 하며 아이들과 놀아줄 수 있는 인공지능을 가진 장난감이라면 충분히 가능성이 있을 거라 생각한 그는 교수님의 사업에 동참하게 도었다.

박사과정에 있는 박성준과 박사출신의 선배 둘, 그리고 직원 둘로 이루어진 회사는 교수님이 직접 참여하면서 초기 투자금을 모다 1억 원짜리 회사로 출발했다. 비록 장난감 하드웨어를 모두 만들 여력이 없어 일본에서 장난감을 사다가 그 안에 지능을 넣고 여러 가지 기능을 개발하는 일이었지만 당시로는 모든 것이 문제없이 진행되는 것 같았다. 장난감은 음성인식을 포함해서 춤을 추는 단계까지 개발되었다. 그런데 또 다시 문제가 불거졌다.

단지 재미있는 지능형 토이를 만들면 모든 것이 잘 될 것이라는 예상과 달리, 가격이 문제였다. 그들은 초기모델을 만들어서 소비자 포커스 그룹을 인터뷰했다. 그런데 15만 원에는 팔려야할 제품을 소비자들은 5만 원에 팔기를 원했다. 결국 수익성이 문제가 되어 사업 프로젝트는 그 단계에서 접혔다.

그때 그는 두 가지의 교훈을 얻을 수 있었다. 첫 번째 하드웨어건, 소프트웨어건 핵심에 먼저 접근한 뒤 나머지는 시장과 반응해 가면서 보완해야 한다는 것이었다. 지능형 토이의 기본을 완성한 후 시장의 반응을 살폈더라면 그 당시의 초기모델보다는 기능은 떨어지지만 소비자가 만족하는 5만 원대에 지능형 토이를 만들 수 있었을 것이다.

두 번째는 역시 아이템만을 중심으로 모인 사람들은 그 아이템이 생명력을 잃게 되면 더 이상 함께할 수 없다는 것이었다. 당시에는 사회적인 분위기도 벤처기업에게는 '아이디어'가 중심이었다. 그렇기 때문에 '창업아이템 경진대회' 같은 대회가 우후죽순으로 생겨나고 있었고, 창업에 대해 생각하고 있는 많은 젊은이들에게 아이디어 중심으로 창업을 해야 한다고 교육하고 있었다. 그는 그때 아이디어는 사업을 성공적으로 이끌어주는 여러 가지 성공인자들 가운데 한 가지라는 사실을 깨달을 수 있었다.

"굉장히 힘드셨겠네요."

진승남은 박성준의 표정을 살피며 조심스럽게 말을 건넸다. 아직 창업을 준비하고 있는 자기가 사업을 통해 산전수전을 다 겪은 그에게 위로의 말을 건넸다는 게 어쩌면 상대를 기분 나쁘게 할지 모른다는 생각 때문이었다.

"힘들었지만 얻은 것도 많았어요. 그 경험들이 제 회사를 창업할 때 많은 도움을 줬으니까요."

박성준은 의외로 담담했다.

"스티커 명함이나, 할인쿠폰메일, 그리고 비디오 가게 같은 아이템 하나에 매달려 성공할 거라고 생각했어요. 하지만 실패 후에 그 실패에 대한 정확한 원인을 알지 못했죠. 다만 막연하게 뭔가 있을 거라고 생각했을 뿐이에요. 그런데 IP폰 사업이나, 지능형 토이 사업에 코파운더^{cofounder.} 공동창설자 자격으로 참여해보니 그때 막연했던 것들이 확연하게 보이더군

072

요. 아이템보다는 사람이, 시스템이 중요하다는 것을 말이죠.”

“그럼 그 다음 바로 아이토닉을 창업하신 건가요?”

진승남은 박성준을 바라보며 대단하다는 생각을 하고 있었다. 무수히 많은 시행착오를 거치고도 또 다시 창업을 하겠다고 마음먹었다는 것이 무척이나 대단해 보였다.

“그건 아니에요. 솔직히 취업도 알아봤어요.”

“취업을요?”

“아이토닉을 창업하기 직전에 IBM이랑 마이크로소프트에 취업 원서를 넣었죠. 서류전형에서 합격해서 면접까지 봤어요. 그런데 그때 한 번 더 확실히 알았죠. 전 취업보다는 창업에 뜻이 있다는 걸 말이죠. 부끄럽지만 면접을 보러갈 때까지도 창업과 취업 사이에서 갈등하고 있었어요. 그리고 결국 창업을 결심했죠. 그때는 지금까지의 실패들을 거울삼아 제대로된 내 회사를 차리겠다고 마음먹었어요. 그런데 가장 문제가 되는 것이 자금이었어요. 그리고 그걸 해결하게 된 계기가 된 건 군대 훈련소에서 행군을 할 때였어요.”

박성준의 시선은 먼 곳을 응시하고 있었다.

2003년 박성준은 병역특례자로 4주간의 군대 훈련소에 입소했다. 몸을 혹사시키는 훈련은 정신을 맑게 했고, 많은 고민을 할 수가 있었다.

그는 스스로 창업을 준비하고 있는 자신을 되돌아봤다. 이제 박성준은 자기가 책임지고 이끌며, 아이템보다는 그를 믿고 따르는 직원들로 채워진 회사를 만들려고 했다. 과거의 경험에서처럼 아이템 하나만 가지고 무작정 창업을 하려고 생각하지 않았다. 아이디어보다는 서로 부족한 역량을 채워주는 이들을 모아 '무엇을 해도' 성공할 수 있는 그런 회사를 만들고 싶었다.

훈련소에 입소하기 바로 직전까지 그는 현재의 '세컨 라이프'와 비슷한 3차원 가상 커뮤니티를 구상하고 있었다. 일종의 게임에 기반을 두고 있는 싸이월드였다. 그것들을 만들기 위해서는 자금이 필요했다. 그런데 그는 그때까지 단 한 번도 투자를 받아본 적이 없었다. 그 이유는 실패에 대한 부담감 때문이었다. 과거 벤처 붐이 일었을 당시에는 회사를 만들고 투자를 받아주지 않으면 투자자들이 화를 내는 분위기였다. 벤처의 거품이 가득했던 시기였기 때문에 서울대생 3명이 회사를 만들고 아이템이 좋다고만 하면 5억 정도는 쉽게 투자받을 수 있었다.

박성준 역시 손을 내밀면 투자를 받을 수 있는 상황이었다. 성공할 수 있다는 자신감이 있었지만 그는 과거 실패의 경험으로 인해 최악의 상황을 고려하지 않을 수 없었다. 그래서 투자처를 물색하고 있던 투자자들을 자신이 알고 있는 다른 기업에 소개해 주면서 정작 자기 자신에게 투자를 하라는 말을 하지 못했던 것이었다. 훈련소에 입소하기 전까지 그는 투자를 받지 않고 자금을 만드는 일에 골머리를 싸매고 있었다. 그런데 무거운 군장을 매고 언제 끝날지 모를 행군을 하면서 문득 박성준은 생각했다.

'나와 내 주위의 몇 명은 굉장히 중요한 시기에 밤도 없고, 주말도 없이 인생을 투자하고 있는데, 사람들에게 몇천만 원 투자하라고 말을 못한다는 것은 말이 되지 않는다.'

왠지 스스로가 나약하게 느껴졌다. 그것은 변화였다. 박성준은 훈련소를 나와 바로 친척들을 찾아다녔고, 그들의 도움을 받아 자본금 5천만 원으로 아이토닉을 창립했다. 하지만 그는 서두르지 않았다. 그는 게임에 기반을 둔 3차원 가상 커뮤니티를 만들 아이디어가 있었지만, 그것을 진행할 역량있는 사람들이 모이지 않았음을 인정하고 그들을 모을 방법을 고민했다. 그러던 중 운명적인 만남을 하게 되었다.

2003년 10월, 길을 걷다가 고등학교, 대학교 친구인 이성도을 만난 것이었다. 당시 그는 대기업을 다니다가 자기 사업을 하려고 준비중이었다. 그가 준비하는 사업은 당시 막 외국에서 나오기 시작한 쇼셜네트워크였다. 그는 치밀한 기획력이 있으면서 기술력이 없었고, 박성준은 기술력은 갖고 있었지만 치밀한 기획력이 없는 상태였다. 박성준은 서로의 부족한 부분을 채워줄 수 있으니 함께 하자고 제안했다. 과거에 자기가 좋은 아이디어를 내놓으면 그것을 보고 함께 하자고 사람들이 모여들었을 때와는 다른 모습이었다. 이미 박성준은 변해 있었다. 결국 친구인 이성도는 2004년 초에 다니던 회사를 그만두고 아이토닉에 합류했다.

그 당시 아이토닉에는 박성준과 3명의 디자이너, 그리고 이성도 이사까지 다섯 명이 모이게 되었다. 그들 다섯은 하나의 아이디어로 뭉친 사람들이 아니었다. '우리가 함께 있으면 뭐든 할 수 있다.'는 자신감으로 뭉친 사람들이었다. 그래서였는지, 그들이 이뤄낸 결과는 과거의 그것들과는 많은 차이가 있었다.

첫째, 실패를 하더라도 흩어지지 않았다. 게임에 기반을 둔 3차원 커뮤니티나 쇼셜네트워크 사업이 좋은 결과를 내지 못했지만 그들은 흩어지지 않았다. 그 과정에서 서로의 역량을 파악하고 서로 어떤 점을 보완해줄 수 있는지를 깨닫게 되면서 또 다른 프로젝트를 진행시키게 된다면 잘 해낼 수 있을 거라는 자신감으로 충만해 있었다.

두 번째, 다른 회사의 용역을 하면서 회사 운영 자금을 만드는 일에 적극적이었다. 만일 하나의 아이디어에 매달렸다면 달랐을 것이다.

'이 아이디어만 성공하면 모든 것이 다 잘 될 텐데, 왜 남의 회사 용역을 해서 시간을 낭비해?' 라고 생각하는 것이 아니라 '용역을 해서 회사운영자금이 들어오면 우리는 그것으로 우리의 사업을 진행할 수 있어.'라고 생각하게 되었다. 아이디어만 보고 모여든 사람들이었다면 생각할 수 없는 변화였다. 결국 아이토닉은 2004년 정부과제를 통해 성장할 수 있는 발판을 마련할 수 있었다. 당시 정부과제는 시뮬레이션을 통한 스토리텔링 엔진개발이었다. 일종의 시나리오를 보조하는 도구 프로그램이었다. 당시 아이토닉의 운영비가 500만 원이었는데, 그 과제는 3억을 지원해주는 것이었다. 박성준은 드라마 제작사를 운영하는 선배와 함께 그동안 개발과 용역을 통해 축적된 기술을 가지고 3D 콘티를 제작할 수 있는 프로그램을 만들어 정부과제에 지원했다. 결국 아이토닉은 정부과제를 수행하게 되었고, 그때의 정부과제가 지금의 3D UCC 프로그램인 클로즈업으로 발전할 수 있었다. 만일 아이토닉이 단 하나의 아이디어에만 집중했다면 다른 기업의 용역 업무를 통한 기술축적도 불가능했을 것이고, 정부과제수행도 불가능했을 것이다.

"그때 가장 중요했던 건 아이디어보다는 내가 채울 수 없는 부분을 함께 하는 동료들이 채워준다는 것을 깨달은 거라고 생각해요."

"그럼 아이디어는 중요하지 않다는 건가요?"

조석환은 조급하게 물었다. 아이디어 하나만 개발하면 뭐든 다 해결될 수 있을 거라 생각했는데, 실상은 그렇지 않다는 사실에 답답함을 느꼈다.

"물론 중요하죠. 하지만 여러 가지 성공 요인 중 하나일 뿐, 아이디어, 아이템이 만능일 수는 없어요."

박성준은 미소를 지어 보였다.

"스티커 명함 사업을 할 때, 만일 유능한 영업자가 함께 있었다면 어땠을까요? 할인쿠폰메일 사업을 할 때 그 사업에 동참하도록 점포 업주들을 설득할 수 있는 직원이 있었다면 어땠을까요?"

"상황이 달라졌을지도 모르죠."

"지능형 토이를 개발할 때도 우린 지능형 토이 하나만 가지고 그 사업에 뛰어들었어요. 월급도 학생이니까 그리 신경쓰지 않았고, 그 아이디어가 실현되면 돌아올 막대한 결과에 주목하고 있었죠. 그러다가 그 아이디어가 단가 계산에서 불가능하다는 결론이 나왔을 때 그곳에 모여 있던 사람들은 모두 흩어져 버렸어요. 그것이 아이디어가 갖는 한계예요."

박성준은 자리에서 일어나 회의실 출입구 쪽으로 걸음을 옮겼다.

"아이토닉의 중심은 '사람'이에요. 지금 우리 회사는 '우리끼리 모이면 뭐든 할 수 있다.'라는 자신감으로 넘치고있죠. 물론 좋은 아이디어가 있으면 훨씬 좋겠지만, 그것을 실현하고 상품화할 수 있는 것은 사람이라는 점을 잊으면 안 돼요."

그는 회의실 출입구를 열고 사무실 안에서 일을 하고 있는 직원들을 바라봤다.

"저희 아이토닉은 그래서 또 다시 사람에 투자 해 보려고 해요."

"또 다시 사람에 투자를 하다니요?"

진승남이 궁금한 듯 물었다.

"진승남 씨는 스마트폰 앱 사업을 준비중이시라고 하셨죠? 저희도 올해부터 스마트폰 앱 사업을 위한 새로운 준비를 하고 있어요."

박성준은 기대에 찬 얼굴로 대답했다.

"스마트폰이 급격히 확산되고 있잖아요. 모든 기존의 다른 사업에 있던 전통적인 사업들이 모바일 플랫폼으로 넘어오면서 생기는 기회를 잡으려는 거죠. 이 기회를 잡기 위해서 저희 회사가 가질 수 있는 가장 중요한 핵심 경쟁력이 무엇일까 생각해 봤어요. 그리고 내린 결론은 소프트웨어의 개발이에요. 저희 아이토닉 자체만의 사업으로서의 개발이 될 수도 있고, 기존의 다른 산업에서 전통적 강점을 보유하고 있는 파트너들과의 협력 서비스를 위한 개발이 될 수도 있을 거예요. 어쨌든 모바일 시대에 걸맞게 다양한 분야에서 새로운 서비스를 만들어내 보려고 준비중이에요."

"어떤 준비를 하시고 계신가요?"

"가장 중요한 것이 개발력을 발휘할 인재들의 확보겠죠."

인재의 확보. 진승남은 고개를 끄덕였다. 사람 중심의 회사이기에 인재의 확보가 중요하다는 말이 당연스럽게 들렸다.

"하지만 아직 확고한 브랜드가 갖추어지지 않은 중소기업에서 훌륭한 인재를 모으는 게 쉽지는 않아요. 특히 오랜 경험과 노하우를 갖춘 경력자를 구하는 것은 지금과 같은 모바일 개발 경쟁시대에서는 너무나 어렵죠. 대기업에서 다 뽑아가기 때문이에요."

박성준은 담담하게 말을 이어갔다.

"그래서 저희가 할 수 있는 것은 아직 경험과 지식이 부족하지만, 똑똑하고 열정적인 초보 개발자들을 모으려고 해요. 최대한 많은 인턴들을 불러들이고 그 안에서 함께 갈 수 있는 좋은 사람을 발굴하려고 하죠."

"인턴쉽 제도군요."

조석환은 조심스럽게 물었다.

"성과가 있을까요?"

"일반적인 프로세스에서 실력이 아직 부족한 대학생 인턴들이 회사의 업무에 기여하기가 쉽지 않죠. 잘못하면 회사와 인턴이 서로 무의미한 시간을 보내기가 쉬워요. 아니, 오히려 회사는 인턴들을 관리하느라 시간을 소모하고, 인턴들은 무의미한 일을 하다 적응될 만하면 기간이 끝나버리는 게 일반적인 상황이죠."

"그렇게 말씀하시는 건 아이토닉의 상황은 다를 거라는 말씀이신 거겠죠?"

"저희는 최근에 전반적 개발 프로세스를 새롭게 구성했어요. 전체 개발인력을 설계자, 메인 프로그래머, 인턴들로 나누고 인턴들을 관리하는 전담 매니저를 배치했어요."

아이토닉은 전체 개발 과정을 세분화했다. 인턴 전담 매니저는 메인 프로그래머로 부터 요청받은 업무를 지식이 부족한 인턴이라도 충분히 개발할 수는 단위 업무들로 작게 나누고 샘플과 함께 제공해 준다. 이렇게 해서 인턴들은 자신의 실력 고하에 상관없이 아이토닉에서 보내는 2~4개월의 시간 동안 실제 상용화되는 프로그램 개발에 직접적으로 참여하는 경험을 할 수 있다.

"그래서 저희 회사는 아무리 경험이 없는 인턴이라도 얼마든지 받아들이고, 이 중에서 좋은 사람을 선별할 기회를 가지게 된 거죠."

"인턴쉽 제도의 윈윈win-win 전략이군요."

"네. 맞아요. 서로 윈윈이죠."

박성준은 미소를 지으며 말했다.

"인턴쉽 제도가 좀 더 발전하면 비교적 물가가 저렴한 말레이시아 등 해외의 휴양지에 인턴들이 머물면서 개발할 수 있는 숙소를 마련해서 3개월 단위로 로테이션 개발팀을 운영하고 싶어요. 실력이 좋은 인턴은 3개월이 지난 후에도 계속할 수 있는 제도와 함께 말이죠. 실력도 쌓고 주말에는 유명 휴양지에서 서핑과 스쿠버다이빙을 즐길 수 있다면 전국의 실력 있는 친구들이 다 저희 회사로 모이지 않을까요?"

"진짜 그렇게 되면………."

조석환은 진승남을 힐끔 보며 말을 이어갔다.

"저도 좀 받아주실 수 없을까요?"

"야. 벌써부터 배신을 때리면 어쩌겠다는 거야?"

"하하하."

조석환의 말에 진승남은 눈살을 찌푸리자 박성준은 기분 좋게 웃어 보였다.

"어쨌든 제가 진승남 씨와 조석환씨에게 드리고 싶은 말씀은 아이템 위주의 사업을 진행하게 되면 아이템에 매달려 다른 사람들의 이야기가 귀에 들어오지 않는다는 거예요. 저 역시 그랬으니까요. 하지만 사람을 중심으로 모이게 되면 서로의 의견에 귀기울일 수 있게 되죠. 그래서 제가 좀 더 좋은 사람들을 모으기 위해 저희들만의 인턴쉽 제도를 만들려는 것이기도 하구요."

박성준은 진지한 눈빛으로 진승남과 조석환을 마주보며 앉았다.

"아마 김현진 대표가 저를 만나보도록 한 것은 그걸 얘기하고 싶어서였을 거라고 생각해요."

"하지만 사장님께서는 그것들을 깨닫는데 많은 시간과 경험을 투자하셨잖아요."

진승남은 조심스럽게 입을 열었다.

"학생 때부터 쌓여온 경험들이 지금의 아이토닉을 만드는 데 밑거름이 되었다면 저희들도 실패를 경험해봐야 한다는 말씀으로 들리는데요. 사실 저희들은 곧 졸업을 하기 때문에 많이 걱정되거든요."

"아이디어에 매달려 다른 사람들의 조언을 들으려 하지 않는다면 문제가 되겠지만, 다른 이들의 말에 귀기울일 수 있는 자세를 갖고 계시다면 충분히 그런 시행착오를 거치지 않고도 올바른 길을 향해 나아가실 수 있을 거예요."

박성준은 빙그레 미소를 지으며 말했다.

"그게 멘토링의 기본이 아닐까 하는데요."

멘토링Mentoring은 경험과 지식이 풍부한 사람이 조언을 해주는 것이다.

"그렇다면 저희들에게 계속해서 조언을 해줄 수 있는 멘토를 찾아야 하는데 그런 사람을 만나는 게 쉬운 일은 아니라서요."

"어째서요?"

진승남의 물음에 박성준은 오히려 반문했다.

"여러분께선 이미 훌륭한 멘토를 갖고 계신 듯 보이는걸요. 아닌가요?"

"아……!"

그제야 진승남은 김현진 사장을 떠올릴 수 있었다.

그리고 그가 했던 말이 귓가에 맴돌았다.

"과연 아이디어가 창업에 가장 중요한 것인지에 대해 여쭤보세요. 그분 말씀을 듣고나서 제가 드린 질문에 답을 해주세요."

■■

진승남과 조석환은 그날 바로 김현진을 찾아갔다. 미리 약속을 하지 않았기 때문에 한참을 기다려서야 그를 만날 수 있었지만, 처음 만남보다는 훨씬 어색하지 않았다.

"박성준 대표님은 잘 뵙고 오셨어요?"

김현진은 반갑게 그들을 맞이해줬다.

"예. 좋은 말씀 많이 들었습니다."

진승남 역시 처음보다는 훨씬 밝은 미소로 그를 대할 수 있었다.

"그럼 석환씨. 지난번 제가 드린 질문에 대답은 여전히 똑같으신가요?"

"아…… 그게."

조석환은 머리를 긁적이며 말문을 열었다.

"물론 아이디어도 중요하지만, 아이디어 하나만 좋으면 성공한다는 말은 취소할게요. 헤헤헤."

"다행이네요. 제 주위에도 아이디어 하나만 가지고 사업에 뛰어들었다가 실패를 경험해보신 분들이 있어요. 하지만 제가 그렇게 말씀드리는 것보다는 박성준 대표님의 말씀이 훨씬 더 좋은 경험이라고 생각했는데……."

"그래서 드리는 말씀인데요."

진승남은 자세를 고쳐 앉으며 김현진을 바라봤다.

"이왕 도와주신 김에 좀 더 도와주시면 안 될까요?"

"뭘 도와달라는 말씀이세요?"

"저희는 아직 창업에 대해서 잘 알지 못하잖아요. 그래서 좀 더 조언을 얻고 싶습니다. 좀 뻔뻔스럽긴 하지만……."

"그럴 줄 알았어요. 그 정도로 뻔뻔스러워야 사업하겠다고 덤벼드는 사람이죠."

김현진은 빙그레 웃으며 또 한 장의 명함을 내밀었다.

"이분 한번 찾아가 보세요. 많은 도움을 받을 스 있을 거예요."

진승남은 김현진이 내미는 명함을 받아들었다.

디자인컨텐츠 상품화 서비스. (주)vaimi. 대표이사. 서정민.

"저희 회사. 레인디는 좀 거친 길을 택했어요. 대학생 10명을 모으고, 친구한테 500만 원을 빌려서 홍대 앞에 15평짜리 반지하방에 컴퓨터를 두 대 놓고 시작했죠."

명함을 보고 있는 진승남을 향해 김현진은 말을 이어갔다.

"저희가 플레이스트레이트를 개발하기 전에 각종 벤처 경진대회에 입상한 것이 큰 도움이 됐죠. 우리나라는 투자라는 명목의 지원이 아니라, 국가기관에서 하는 여러 가지 경진대회, 정부사업 등 활용할 수 있는 많은 기회들이 있어요. 그런 것들을 잘 이용한다면 회사가 자리를 잡는 데 많은 도움이 될 수 있어요. 아마 서정민 대표를 만나서 얘기해 보시면 제 말씀을 충분히 이해하실 수 있을 거예요."

서
정
민

"창업을 고려하면서 사업아이템을 찾을 때는 세가지가 중요하다고 생각해요. 첫째는 내가 할 수 있는 일이어야 한다는거죠. 보통 젊은 창업자들이 간과하는 것 중에 하나가 자기의 능력을 냉정하게 보지 못한다는 거예요. 꿈을 꾸지 말란 얘기가 아니예요. 현실을 알아야 한다는 얘기죠. 내가 할 수 있는 것과 할 수 없는 것을 파악하는게 첫번째가 되어야 할 것 같아요."

서정민은 ㈜바이미닷컴의 대표로 디자이너의 디자인과 소비자를 연결해주는
디자인스토어 '바이미'(www.vaimi.com)를 운영하고 있다. 2006년 대학 재학 시절, 여성전용택시 핑크캡으로
창업의 길에 들어섰다. 2007년 두 번째 창업으로 서울시 '우수 창업아이템' 등을 수상하였고,
현재 중소기업청 청년자문위원 서울 대표로도 활동 중이다.

Seo Jung Min / ceo@vaimi.com / @jmseo

창업지원을 잘 이용하라

(주)바이미 서정민 대표

바이미www.vaimi.com는 누구나 자신의 디자인을 판매할 수 있고, 소비자가 직접 상품을 디자인할 수 있는 디자인스토어를 제공하는 회사다.

수많은 디자이너들이 자신의 디자인을 바이미 사이트에 올려놓으면, 소비자들은 그 디자인을 자기가 원하는 제품에 적용시켜 주문을 하게 되는데 제품에는 티셔츠, 머그컵뿐만 아니라 노트북 스킨, 핸드폰 스킨까지 다양한 제품들이 있다. 회사는 그것들을 주문받아 원하는 제품을 만들고 소비자에게 전달해주는 역할을 하고 있었다. 개성 넘치는 디자이너들과 자기만의 색깔을 원하는 소비자들을 연결해 주는 일종의 디자인 오픈마켓이다.

· 서울시 구로구 구로동 222-22 베르디타워.

지하철 2호선 구로디지털단지역에서 내린 그들은 여기저기를 헤매고 다니다가 한참만에 베르디타워 앞에 도착했다. 그곳은 베르디타워라는 이름뿐만 아니라 다른 이름으로도 불리고 있는 곳이었다. 바로 '서울시 창업지원센터'였다.

086

"이곳으로 들어오세요."

단정하고 모범생 같은 이미지의 서정민 사장은 그들을 바이미가 위치한 5층이 아닌 4층의 작은 회의실로 안내했다.

"이곳은 창업지원센터에서 공용으로 사용하는 회의실이에요."

"아…… 예."

진승남은 신기한 듯 회의실 안을 둘러봤다.

"공용으로 회의실을 사용하면 불편하지 않나요?"

"물론 불편할 수도 있겠지만, 그리 크지 않은 사무실에 쓸데없이 빈 공간으로 회의실을 남겨두는 것보다는 공용으로 사용하는 회의실이 따로 있으면 훨씬 효율적이잖아요."

그는 빙그레 웃으면서 미리 사무실에서 들고온 음료수를 건넸다.

"김현진 사장님께 연락을 받았어요. 창업을 준비하고 계시다구요."

"예. 창업을 준비하고 있긴 한데, 아직 아는 게 별로 없습니다."

진승남은 머리를 긁적이며 얼굴을 붉혔다. 얼마 전까지만 하더라도 창업의 꿈을 접고 있었던 그였다. 도서관에서 손에 잡히는 창업에 관련된 책들은 열정과 아이디어만 있으면 성공을 할 수 있다는 말로 창업을 준비하는 진승남과 조석환을 유혹했었다. 그런데 김현진을 만나고, 그의 도움으로 박성준 사장을 만나 이야기를 나눠보니 창업이라는 것이 그리 쉬운일도 아닐뿐더러, 아이디어 하나만 가지고 덤벼들기에는 부족하다는 것을 깨달을 수 있었다. 그때 조석환이 자리에서 일어나 꾸벅 허리를 굽히며 말했다.

"좋은 말씀 부탁드립니다."

"하하하. 뭐 대단한 걸 기대하진 마세요. 저도 이제 막 자리를 잡아가고 있는 건데요 뭐."

서정민은 조석환의 갑작스러운 행동에 웃음을 터뜨렸다.

"그저 제 경험이 도움이 될 수 있었으면 좋겠네요."

그는 가져온 노트북을 펼쳐보이며 말했다.

"이미 아시겠지만, 저희 회사는 디자인 오픈마켓이에요. 웹스토어에서 아이폰이 마켓플레이스를 만들었듯 저희도 디자인 컨텐츠를 갖고 있는 디자이너들이 온라인에서 디자인을 올리고, 고객이 살 수 있는 마켓플레이스를 구축하려고 하죠."

"그럼 바이미닷컴이 첫 창업이셨나요?"

"아니에요. 저도 실패를 한 번 경험했어요."

서정민은 엷은 미소를 지으며 대답했다.

"제가 시도했던 건 여성 전용 택시였어요. 좋은 아이디어라고 생각했지만, 당시의 제 역량이 부족했었죠."

그는 마주 앉아 있는 두 명에게 자신의 이야기를 꺼내놓기 시작했다.

서정민은 한양대학교에 재학중일 때 창업을 결심했다. 그때 그는 3학년으로 군대 제대 후 대기업에서 인턴쉽을 경험한 후였다. 군대 제대 후 대기업에서 인턴쉽을 경험해보니 운신의 폭이 너무나 좁았다. 하고 싶은 일을 해야 하는 게 아니라, 지시하는 일을 해야 한다는 갑갑함은 스스로 뭔가를 만들어서 성취감을 느끼고 싶다는 욕구를 부추겼다.

창업을 결심한 그는 먼저 20CEO라는 커뮤니티에서 활동을 하면서 창업을 준비하는 20대들과 교류를 시작했다. 그런 과정에서 모의 창업을 해보고, 자신의 창업 아이템을 가지고 많은 이들과 대화를 나누면서 아이템을 검토하는 과정을 거쳤다. 그리고 그중에서 만난 3명과 의기투합해 여성 전용 택시 사업을 하기로 마음먹었다. 하지만 한 가지 아이디어만 가지고 창업을 하기에는 많은 어려움이 있었다.

회사 설립부터 재무적인 부분을 포함해서 많은 부분을 알지 못했던 그는 3개월 코스의 서울시 창업스쿨을 찾아 정보를 모았다. 하지만 1년 동안 준비한 여성 전용 택시는 사업화에 실패하고 말았다. 50여 개의 택시 회사를 찾아다니면서 의견을 물었고, 고문역할을 해줄 택시 회사 전문가들을 모았지만 서울시에서 여성 택시라는 새로운 라이센스를 발급받아야 사업화가 가능하다는 것을 나중에야 알게 되었다. 일개 대학생의 신분으로 제도를 바꿀 수 없는 현실속에서 서정민은 좌절했고, 결국 1년의 시간을 투자한 여성 택시 회사의 꿈은 접을 수밖에 없었다. 하지만 1년여의 시간이 허무하게 사라져버린 것은 절대 아니었다.

그는 1년 동안 체험할 수 있었던 경험을 가지고 한 외국인 택시 회사에서 일을 맡을 수 있었다. 만일 그가 1년 동안의 경험이 없는 일반 대학생이었다면 그 회사의 임원들 앞에서 프리젠테이션을 하고 사업적인 대화를 나눌 수 있는 기회조차 가져보지 못했을 것이 분명했다. 그리고 컨설팅 업무를 하는 시간은 그를 창업을 준비하는 예비 사·업가로 단련시켰고, 많은 성취감까지 맛볼 수 있게 해주었다. 그리고 그는 결국 새롭게 창업을 결심하게 되었다.

"그때 전 특별히 좋은 아이디어가 있는 것이 아니었어요. 사업 아이템을 찾아야 하는 상황이었죠."
"그래서 어떻게 하셨나요?"

진승남은 긴장한 듯 물었다. 창업을 결심했지만, 아직 창업 아이템을 고르지 못한 상황이기 때문에 그의 말이 더욱 궁금했다.

"창업을 고려하면서 사업아이템을 찾을 때는 세 가지가 중요하다고 생각해요. 첫째는 내가 할 수 있는 일이어야 한다는 거죠. 보통 젊은 창업자들이 간과하는 것 중에 하나가 자기의 능력을 냉정하게 보지 못한다는 거예요. 꿈을 꾸지 말란 얘기가 아니에요. 현실을 알아야 한다는 얘기죠. 내가 할 수 있는 것과 할 수 없는 것을 파악하는 게 첫 번째가 되어야 할 것 같아요. 여성 전용 택시에서의 실패는 제가 제 역량을 제대로 파악하지 못한 결과였죠. 두 번째로는 관심 분야에서 아이템을 찾아야 해요. 관심이 있어야 즐겁고 열심히 할 수 있는 법이에요. 실제로 관심이 없는데 요즘 이게 뜬다고 무턱대고 그 분야를 결정하는 것은 경쟁력을 갖기 어려워요."

"그럼 세 번째는 뭔가요?"

"진입장벽을 얼마나 만들 수 있느냐는 거겠죠."

"진입장벽이 뭐죠?"

진승남의 물음에 서정민은 담담하게 말을 이어갔다.

"말 그대로 그 분야에 얼마나 들어오기 어렵냐는 거겠죠. 누구나 할 수 있는 일이라면 진입장벽이 낮게 되는 거죠. 일례로 요즘 스마트폰 열풍으로 모바일 어플을 만드는 분들이 많이 계세요. 하지만 누구나 만들고 누구나 판매할 수 있는 시스템 때문에 진입장벽은 무척이나 낮아졌죠. 그런 시장에서는 아이디어로 반짝 할 수는 있겠지만 시장에서 선두적인 지위를 오래 갖고 갈 수는 없을 거예요. 제작년까지만 하더라도 web 2.0의 타이틀을 걸고 나오는 수많은 아이템이 있었지만, 지금은 또 다른 패러다임이 주류가 되었죠. 시장이 너무 빨리 변화하고 있는 거죠."

web 2.0 이란 데이터의 소유자나 독점자 없이 누구나 손쉽게 데이터를 생산하고 인터넷에서 공유할 수 있도록 한 사용자 참여 중심의 인터넷 환경을 말한다. 블로그Blog, 위키피디아Wikipedia, 딜리셔스del.icio.us등이 이에 속해 있다.

"이렇게 세 가지를 간과하고 사업 아이템을 결정하게 된다면 제가 볼 때 실패할 확률이 높을거 같아요. 달리 말하자면 이 세 가지를 잘 파악하게 된다면 실패할 확률을 줄일 수 있게 되겠죠."

"바이미닷컴도 그 세 가지를 고려하신 아이템인 건가요?"

"예. 창업을 결심하고 2, 3개월 동안 창업할 아이템을 찾아봤죠. 저희 바이미닷컴의 아이템은 유럽에서 성장률이 1,000%, 10,000%로 성장하고 있었기 때문에 주목받는 모델이었어요. 디자인 판매사업이 유망하다는 증거였죠. 또한 DIYDo It Yourself. 가정용품의 제작, 수리, 장식을 직접 하는 것나, 커스터마이징Customizing. 생산업체나 수공업자들이 고객의 요구에 의해서 제품이나 물건을 고객이 원하는 대로 만들어주는 것이라는 말들이 급속히 늘어나는 것을 보면 국내에 디자인을 전공한 100만 명 이상의 디자이너들의 수요와 그것을 원하는 소비자들 간의 수요와 공급이 맞아떨어진다고 생각했어요. 그리고 첫 번째 조건인 내가 할 수 있는 것이라는 부분에서 보자면, 여성 택시 사업을 위해서 1년 동안 겪었던 경험들과 그 뒤에 택시회사에서의 사업기획 업무를 통해 단련된 제 노하우라면 충분히 가능성이 있을 거라는 판단을 했어요. 그리고 저도 개인적으로 디자인 쪽 분야에 흥미가 많았기 때문에 관심 분야에 대한 두 번째 항목도 충분히 만족스러웠죠."

"그렇다면 진입장벽 문제가 걸리게 되는데요……."

"여기서 IT산업에 대한 오해를 하나 짚고 넘어가야 할 것 같아요."

서정민은 검지손가락을 세워보이며 말했다.

"보통 많은 분들이 IT산업이라고 하면 돈이 많이 들지 않는다고들 하시더라구요."

"예. 저도 그렇게 알고 있었는데요."

진승남은 조석환을 힐끔 바라보며 대답했다.

"그런 거 아닌가요?"

조석환은 순간 당황한 표정을 지었다.

"인터넷 되고, 컴퓨터만 있으면 시작할 수 있는 거잖아요."

"시작은 할 수 있죠."

서정민은 고개를 끄덕였다.

"하지만 제가 말씀드린 아이템을 찾는 세 가지 조건 중에 진입장벽에 관한 부분에 적용해 보죠. 인터넷이 되고, 컴퓨터만 있으면 누구나 시작할 수 있는 일, 즉 진입장벽이라는 것 자체가 존재하지 않아요."

"그럼 IT 벤처는 성벽도 없는 허허벌판에서 성을 지키는 전쟁터란 말인가요?"

조석환은 믿기지 않는다는 듯 투덜거렸다.

"그건 아니죠."

서정민은 고개를 저었다.

"IT 산업에서 진입장벽을 높이는 방법은 전문개발자를 통해 기술을 개발하는 방법을 사용하죠. 바이미 닷컴 역시 디자이너와 소비자를 연결해주는 오픈마켓을 만들기 위해서 전문 개발자가 필요했어요. 개발자, 디자이너를 뽑는 데만 3, 4개월이 걸렸고 다른 기업에서 많은 연봉을 받고 있는 개발자들을 데려오고 사이트를 오픈하기까지 1억 원이 넘는 투자비가

들어갔어요.”

“이…… 일억이요?”

조석환은 자리에서 벌떡 일어나 하얗게 질린 얼굴로 입을 다물지 못했다.

“후아…… 일억 원이 있어야 사업을 할 수 있다니…….”

그는 실망스러운 표정으로 다시 자리에 주저앉았다.

“왜 그렇게 실망스러운 표정을 지으시는 건가요?”

그런 그를 바라보며 서정민은 의아한 듯 물었다.

“그야 당연하지 않습니까.”

조석환은 잔뜩 인상을 찌푸리며 서정민을 바라봤다.

“저희는 개뿔 가진 것도 없는 지방대생들이란 말입니다. 1억 원이 넘는 돈이 있다면 애초에 IT벤처를 차릴 생각도 하지 않았을 거라구요. 이거 뭐 장난하는 것도 아니고…… 흡!”

진승남은 당황해서 한 손으로 조석환의 입을 틀어막으며 억지로 미소를 지어보였다.

“하…… 하…… 하. 죄송합니다. 이 친구가 좀 흥분했나 보네요. 이 친구 말마따나 저희는 그만한 초기 투자비용이 없거든요.”

얼굴은 웃고 있었지만, 진승남 역시 싸늘하게 가라앉는 기분을 느껴야만 했다.

“그것 때문에 김현진 사장님이 저를 만나보라고 하셨겠죠.”

서정민은 엷은 미소를 지으며 얼굴이 벌겋게 달아올라 있는 진승남과 조석환을 바라보며 말했다.

“저는 초기투자비용을 벤처창업 경진대회의 상금을 통해 마련했어요.”

“그럼 1억 원이 넘는 돈을 갖고 계셨던 게 아닌가요?”

"물론이죠. 많은 분들이 젊은 나이에 창업을 했다고 하면 돈 많은 집에서 도움을 받았을 거라고 생각하시기도 하지만 전혀 그렇지 않았어요."

서정민은 손을 내저었다.

"제가 학생일 때 학교에서는 벤처창업경진 대회라는 대회가 있었어요. 재학생, 대학원생들을 대상으로 사업 아이템을 프리젠테이션하는 대회였죠. 그 대회에서 지금의 사업 아이템으로 최우수상을 탔어요. 약 300만 원의 수상금을 받을 수 있었죠."

"아……!"

"하지만 그 대회에서의 얻은 것은 상금 300만 원뿐만이 아니에요. 창업경진대회의 심사위원들은 사업가들이거나 변리사들이죠. 그들에게 사업 아이템을 프리젠테이션하고 상을 탔다는 것은 제가 갖고 있는 사업 아이템이 성공할 수 있는 가능성을 갖고 있다는 검증이기도 해요."

"그렇겠군요."

진승남은 고개를 끄덕였다. 서정민의 이야기는 이어졌다.

"그 다음달에는 서울시에서 '우수창업아이템 경진대회'가 있었어요. 그곳에서도 운이 좋게 수상을 했죠."

"우와…… 상금도 받으셨나요?"

조석환은 언제 실망했느냐는 듯 서정민의 말에 귀를 기울이며 물었다.

"물론이에요. 거기서도 300만 원을 받았어요. 전 처음 창업을 결심하신 분들에게는 그런 기회를 이용하라고 조언해주고 싶네요. 창업붐이 일고 있는 요즘 그런 류의 대회는 찾아보면 굉장히 많아요."

"그런 대회에 참석하려면 아이템을 개발하고 뭔가 보여줘야 하지 않나요?"

조금 전부터 수첩을 꺼내 서정민의 말을 받아적고 있던 진승남이 물었다.

"그렇지 않아요. 아이템을 직접 개발하는 것도 아니고, 그 아이템을 가지고 심사위원들 앞에서 프리젠테이션을 하는 것이기 때문에 참가는 많은 부담이 되지 않을 거예요. 물론 사업계획서나 프리젠테이션 준비는 필요하지만, 그것들은 대회에 참가하기보다는 창업을 위해선 당연히 해야 하는 거니까요."

"그런데 초기자본금 600만 원은 투자하신 1억6천과는 차이가 많이 나는데요."

"초기자본금 600만 원으로 당장 창업을 해서 서비스를 개발하고 오픈했지만 초기 단계에서 수익을 낼 수는 없어요. 좁은 사무실에서 중소기업청 자금을 지원받을 때까지 굉장히 어려웠죠. 2년 동안 월급을 가져가지 않았어요."

"월급을 2년 동안 못 가져가는데 직원들이 가만히 있었나요?"

진승남은 어이없다는 듯 물었다. 직원, 샐러리맨은 월급을 받기 위해서 일을 하는 것이 아닌가. 그런데 2년 동안 월급을 가져가지 못했다니⋯⋯.

"그럴 순 없죠. 어떻게 2년 동안 직원 월급을 주지 않습니까."

서정민은 손을 내저으며 멋쩍은 듯 웃음을 지어보였다.

"제 월급 말이에요. 제가 2년 동안 월급을 가져가지 않았다는 말인데 오해를 하셨네요."

"아⋯⋯ 그렇더라도 2년 동안 월급을 가져가지 않았다는 건 대단한 거 아닌가요?"

"대단할 건 없어요. 창업을 하고 회사가 자리를 잡기 전에는 어려운 건 당연한 거니까요."

서정민은 담담한 표정으로 그때를 회상하기 시작했다.

한양대학교 벤처 창업 경진대회에서 최우수상, 서울시 우수창업 아이템 경진대회에서 우수상을 수상하고 600만 원의 창업자금과 사업적 타당성을 인정받았지만 창업을 한다는 것은 쉬운 일이 아니었다. 창업 초기 서비스를 오픈하고 수익을 낸다는 것은 거의 불가능했다.

회사의 기틀을 마련할 때쯤 그는 기술보증기금으로부터 2억 원에 가까운 금액을 대출 받았다. 기술보증기금이란 중소기업청에서 기술보증을 해주고 금융기관에서 대출을 받을 수 있도록 지원하는 제도다.

벤처기업 인증을 받는 방법은 두 가지가 있었다. 하나는 기술보증기금에서 대출을 받는 것이고, 또 다른 하나는 벤처 캐피탈로부터 투자를 받는 것이다. 이 두 가지 중 하나로부터 대출을 받고 6개월 이상 회사가 운영되면 벤처기업 인증을 받을 수 있다. 벤처기업 인증을 받게 되면 취득세, 등록세 등을 공제, 감면받을 수 있으며 정부사업에 지원할 때 가산점이 붙기도 한다. 서정민이 택한 기술보증기금 대출은 사업을 담보로 대출을 받는 것이다. 즉 신용보증기금에서는 현물을 담보로 빚을 내지만, 기술보증기금은 사업 아이템을 담보로 대출을 받는 것이다. 그런데 여기서 유의할 것은 100% 보증이 아니라는 사실이다. 100% 사업보증이라면 회사가 망하게 되면 그 사업체를 폐업함으로써 빚을 탕감받게 되지만, 95%. 90%등의 보증이기 때문에 사업이 망하더라도 나머지 10%, 5%에 대한 부분에 대해서는 사업주가 끝까지 채무 의무를 지게 된다. 서정민은 그것은 사업가로서 당연히 짊어지고 가야 하는 부담이라고 생각했고 대출을 받을 수 있었다.

그런데 이 부분에서도 주의해야 할 점이 존재한다. 기술보증기금 대출이 빚임에도 불구하고 빚지기가 그리 쉽지 않다는 것이다. 그것은 사업을 담보로 3억의 빚을 지고 싶더라도 기술보증기금에서 그 사업가치를 5천만 원짜리라고 규정한다면 대출금액은 5천만 원까지밖에 나오지 않는다. 바이미닷컴의 경우 1억 원을 신청했는데, 그 이상을 대출받았다. 그 이유는 대출이라는 것에 대한 부담감 때문에 빠듯한 금액을 신청했음을 담당자가 파악하고 서정민에게 그 이상을 대출받으라고 제안했기 때문이었다. 어차피 마이너스통장식으로 대출을 받는 것이었기 때문에 처음 계획했던 대로 1억 원만을 사용한다면 아무런 문제가 될 리 없다고 생각한 서정민은 담당자의 제안을 받아들였다.

그런데 시간이 지난 뒤 서정민은 그 담당자가 얼마나 자신을 배려해줬는지를 깨달았다. 빠듯한 예산을 정하고 1억 원을 신청했지만, 결국 회사를 운영하면서 마이너스 통장에 있는 6천만 원까지 손을 댈 수밖에 없는 상황이 벌어졌었다. 만일 그때 1억 원만을 대출받았다면 무척이나 곤란한 상황에 직면했을 것은 말할 것도 없었다. 회사 운영자금으로 목돈이 들어오자 서정민은 전문 프로그래머를 영입해 서비스 개발에 힘썼다.

그러던 중 그는 정부과제가 있다는 것을 알게 되었다. 정부에서 제시하는 사업모델을 만들고, 그 과정에서 정부로부터 지원을 받는 것이었다. 그의 시선을 사로잡은 것은 신서비스혁신 사업자모델이라는 정부과제였다. 새로운 전자모델을 정부에 제안하면 지원해주는 사업이었다. 그 사업은 산업체와 학교가 컨소시엄을 구성해서 지원하는 산학사업이었다. 그런데 공교롭게도 그가 정부과제를 알게 된 것은 지원마감 3일전이었다. 바이미닷컴은 디자인 쪽 기업체였기 때문에 디자인 쪽의 전문적인 연구원이 필요했다.

서정민은 홍익대학교 국제디자인 대학원의 아이다스IDAS어 함께 컨소시엄을 구성하자고 연락을 했다. 접수마감까지는 시간이 촉박했기 때문에 차분하게 협력 과정을 상의할 수가 없었다. 하루는 사업계획서를 작성하고, 그 다음날은 사업계획서를 담당교수님께 보여드리고 도장을 받았다. 그리고 접수 마감일날 겨우 신청서를 낼 수 있었다.

바이미닷컴은 운 좋게도 정부과제에 합격했다. 서정민은 정부과제를 수행한다는 것이 금전적인 도움뿐만 아니라, 더욱 큰 것이 있다는 것을 나중에야 알게 되었다. 그것은 바로 풍부한 전문인력의 활용이었다.

창업을 하고 실제 사업을 모델링하는 과정에서 그때까지 바이미닷컴은 철저하게 공급자적인 생각으로만 사업에 접근하였다. 정부과제를 수행하는 동안 바이미닷컴은 풍부한 전문인력들의 다양한 시각으로 사업을 바라볼 수 있는 기회를 제공받을 수 있었다. 사실 개인이 운영하는 사업체는 테스터를 모으거나, 전문적인 인력을 동원하는 데 한계가 있다. 그것은 자금과 직결되는 문제였기 때문이었다. 하지만 정부과제를 수행하는 6개월 동안 바이미닷컴은 홍대 아이다스의 디자인 전문가들의 도움을 받을 수 있었다. 서비스의 주 고객층이 누가 될 것이며, 어떤 디자인 컨텐츠를 주로 서비스할 것인가에 대한 트렌드를 읽는 것 등 당시 학생이었던 바이미닷컴의 창업자로서는 해결할 수 없었던 많은 문제들에서 도움을 받을 수 있었다. 그것은 금전적인 도움보다도 훨씬 더 값진 성과였다.

"그럼 정부과제란 자기가 해야 할 일을 돈 받고 하는 거네요?"

진승남은 흥미롭다는 듯 물었다.

"그런 셈이죠."

서정민은 고개를 끄덕였다.

"정부과제에도 성공과 실패가 있어요. 정부과제를 하고 성공을 하면 성공 평가를 받고, 실패하면 실패 평가를 받게 되죠. 그런데 실패를 하게 되면 지원받았던 금액 중 일부를 돌려줘야 하는 상황이 벌어지게 돼요. 하지만 그런 경우는 많지 않아요."

"그렇다면 좋지 않은 결과가 나오더라도 심사위원들이 눈감아 준다는 뜻인가요?"

조석환은 게슴츠레한 눈을 하고 서정민을 바라봤다.

"그게 아니죠."

서정민은 고개를 저었다.

"업체를 선정하는 심사위원들 역시 업체가 실패하게 되면 업체의 역량을 제대로 평가하지 못했다는 부정적인 영향을 받게 되지만, 그렇다고 눈감아줄 수는 없죠. 대신 그분들이 업체가 제대로 정부과제를 완수하도록 여러 가지 지원을 아끼지 않겠죠. 여러 가지 도움을 받게 되는 사례도 있어요."

"그런데 처음 기술보증기금으로 받았던 대출은 모두 갚으셨나요?"

조석환은 호기심 가득한 얼굴로 서정민을 바라보며 물었다.

"예. 벤처캐피탈 소프트뱅크에서 지분을 매각하는 방법으로 투자를 받아 빚을 갚았어요."

서정민은 미소를 지어 보였다.

"우와…… 투자까지."

조석환은 부러운 듯 침까지 꿀꺽 삼켰다.

"저는 가장 노멀한 케이스예요. 처음에는 경진대회를 통해서 초기 자본금을 만들었고, 그 다음에 기술보증기금으로 대출받은 뒤에 정부과제, 그리고 그 자금이 다 떨어질 때쯤 시드펀딩을 받게 되는 전형적인 과정을 밟았으니까요."

그의 표정을 보고 서정민이 멋쩍은 표정을 지어보이며 말했다.

"어떻게 보면 무난하다고 할 수도 있지만, 어떻게 보면 성공을 빨리 못한 거죠."

"저희도 사장님처럼 그렇게 평범하게 창업 과정을 겪었으면 좋겠네요."

진승남도 부러운 듯 서정민을 바라봤다. 그가 스스로 평범하고 빨리 성공하지 못했다고 말을 하지만, 수없이 많이 창업되는 회사들 중에서 그와 같은 과정을 겪으면서 자리를 잡는 회사는 극소수에 불과 할 것이란 것은 쉽게 짐작할 수 있었다. 그는 창업 초기에 2년 동안 월급을 가져가지 못했을 정도로 어렵고 고단한 과정을 겪었다. 진승남이 부러워하는 것은 그 과정을 이야기하는 편안한 서정민의 표정이었다. 그것은 고난의 시간을 견뎌낸 사람만이 보여줄 수 있는 그런 표정이었다.

"아이템을 결정하고 기술을 개발하는 동안 참 힘드셨겠어요."

"그쵸. 경영하는 입장에서 개발을 타인에게 맡긴다는 것은 많은 어려움이 있어요. 가장 신경을 많이 쓰게 되는 부분이 직원관리예요."

"개발 노하우가 쌓일 때마다 개발자들의 관리가 어려우셨겠네요."

"개발자들 뿐만 아니죠. 벤처회사가 무너지는 가장 큰 이유가 뭔지 아세요?"

"무너지는 이유요?"

서정민의 질문에 진승남은 고개를 갸우뚱거렸다.

"자금 문제가 아닐까요?"

"벤처회사가 무너지는 가장 많은 이유는 직원들이 나가버리는 거예요. 한창 개발을 해야 할 때 개발자가 덜커덕 나가버린다면 회사는 버텨낼 재간이 없죠. 새로운 개발자를 뽑아서 업무에 익숙해질 때까지 또 다시 시간과 자금을 투자하게 돼버리니까요."

서정민은 마치 그런 상황을 상상이라도 하듯 길게 한숨을 내쉬며 말을 이어갔다.

"초창기의 기업, 특히 미래가 불투명한 벤처회사의 경영자는 직원들이 회사를 떠나지 않도록 노력해야 해요. 요즘 세대는 까라면 까는 세대가 아니에요. 직원들과 친구가 되어야 하고, 절대 권위적인 모습을 보여서는 안 되죠."

"사장님도 그러세요?"

"저희 회사의 핵심 인력은 저보다 모두 나이가 많아요. 저는 사업을 하는 것이고, 직원들은 개발자들로서의 꿈이 있을 거예요. 저는 그들이 꿈을 이룰 수 있도록 서포트해 준다는 생각으로 그들을 대하고 있어요."

"보통 벤처회사에서는 직원들에게 지분을 나눠 주지 않나요? 스톡옵션 같은 거요."

"과연 지분을 준다고 직원들이 좋아할까는 생각해봐야 할 문제예요."

조석환의 질문에 서정민은 고개를 저었다.

"상장하지 않고, 투자를 받지 않은 상태에서 지분이란 단순히 숫자, 종이쪼가리에 지나지 않아요. 오히려 월급을 조금이라도 올려주고, 먹을 것을 챙겨주고, 일하는 데 필요한 것들을 말하기 전에 찾아서 챙겨줘서 편하게 일에 집중할 수 있도록 도와주는 게 효과가 있죠. 정성을 다해서 모셔야 해요."

그는 미소를 지어보였다. 진승남은 직원을 모셔야 한다는 것. 그것은 어쩌면 미래가 불투명한 벤처회사 경영자의 의무일지도 모른다는 생각을 했다. 하지만 그렇더라도 직원이 나가게 된다면……? 그 직원이 더 좋은 조건을 제시하는 동종업계의 회사로 스카웃되어 간다면……?

"만일 나간 직원이 라이벌 회사같은데로 들어가게 된다면 큰일이겠네요."

"그런 일은 미연에 방지를 해야죠."

서정민은 단호하게 말했다.

"직원들에게 아무리 친구처럼 대하고, 그들을 모신다고 말하지만 업무적으로는 깔끔한 채용계약이 필요하죠."

"채용계약을 다 하셨군요?"

"물론이죠. 어떤 회사에 입사할 때 채용계약서만 보더라도 그 사람이 얼마나 준비를 잘했는지 알 수 있어요. 동종업계에서는 일할 수 없고, 동종업계에서 창업할 수 없다는 조항뿐만 아니라 만일에 일어날 수 있는 모든 경우의 수를 미연에 방지할 수 있는 채용계약서를 준비해야 해요."

"직원의 이탈을 막으려면 우선은 계약을 잘 해야 하는 거군요."

"그런 의미보다는 심리적인 안정장치가 되는 거예요. 직원의 이탈을 막는 가장 좋은 방법은 회사가 잘 되는 것이죠."

서정민은 너무나 당연하다는 표정으로 말했다.

"사장이 힘든 게 무조건 성공해야 하거든요. 사장에게는 두 번 이상의 기회는 없어요."

"두 번의 기회라는 건 뭔가요?"

"한 번 실패를 하더라도 벤처의 경우 사장이 '야. 이건 내가 잘 몰랐다. 다시 열심히 해볼게.'라고 하면 직원들은 믿어줘요. 두 번째 실패까지도 직원들은 신뢰를 보낼 수 있죠. 물론 여기서 중요한 건 회사 자체가 망했다기보다는 진행중인 프로젝트가 기대 이하의 실적이 나왔을 때의 얘기예요. 하지만 세 번까지 믿어주는 직원은 없어요."

"거참…… 두 번 믿어줬으면 세 번까지 채워주면 좋을 텐데."

조석환은 입맛을 다셨다.

"그건 사장의 이기적인 생각이에요."

서정민은 고개를 저었다.

"직원들에게는 나 말고도 더 좋은 리더를 만날 기회가 있다는 것을 잊지 말아야 해요. 훨씬 더 좋은 직장, 훨씬 더 좋은 여건이 있을 수 있어요. 게다가 벤처회사에 근무하는 직원들은 직원들 나름대로의 고충이 있는 법이니까요."

"그렇군요. 직원에게도 고충이 있다는 생각을 해야겠군요."

"결국 사업이 성공하면 가장 큰 수혜자는 바로 사장이에요. 직원들에게 너무 큰 의무를 지워주면 안 돼요. 내가 성공할 수 있는 확신이 있다고 해서 직원도 그렇다고 믿을 수는 없어요. 한 가지 예로 일본의 소프트 뱅크 손정의 회장님 일화가 있어요."

주류사회에 발을 붙이기 어려운 재일동포3세라는 불리함을 딛고 대부호의 반열에 오른 일본의 소프트 뱅크 손정의 회장은 처음 창업을 했을 때 사과박스 위에 올라가서 직원들에게 이렇게 외쳤다.

"나는 일본의 제일 기업인이 될 거다."

아무것도 없는 상태에서 사장이 그렇게 말하자 직원들은 모두 달아났다. 그 일화는 사장이 갖고 있는 확신을 직원들 역시 갖고 있을 거라는 것은 일방적인 생각이라는 것을 보여주는 유명한 일화다.

하지만 결국 손정의 회장은 자신의 선언을 실현했고, 그가 24세인

1981년에 처음으로 컴퓨터 소프트웨어 유통업에 뛰어든 이후 가장 빠른 기간 안에 성공을 거뒀다. 그는 2010년 일본에서 애플사의 아이패드(iPad)의 독점권을 따내 다시 한번 화제가 되기도 했다.

■

"마지막으로 생태계를 만들고 싶은 것인지, 만들어진 생태계에서 살고 싶은지 스스로를 분석하고 결정하셔야 해요."

서정민은 벽에 걸려 있는 시계를 힐끔 바라보며 말했다. 그가 시간에 쫓기고 있다는 생각이 들자 진승남은 서둘러 물었다.

"생태계를 만든다는 것은 무슨 뜻인가요?"

"창업에는 여러 가지가 있어요. 저희 바이미닷컴처럼 새로운 분야를 만들려고 뛰어들 수도 있지만, 이미 만들어진 시스템 안에서 창업을 할 수도 있는 거니까요. 제 경험을 듣고 창업은 돈이 많이 들어서 어렵다고 포기하시진 않았으면 좋겠어요. 동대문에서 물건을 떼어다 소매장사를 하는 것도 창업이니까요. 그 정도의 시작은 300만 원 정도면 가능하다고 봐요.

나름대로의 기술력과 10명 이내의 운영인력으로 회사를 차리려면 돈도 많이 들고 시간도 많이 걸리죠. 초기에 장사가 돈을 더 잘 벌 수는 있을 거예요. 하지만 시간이 지나면서 큰 사업으로 발전해 나갈 가능성은 줄어들겠죠."

서정민은 자리에서 일어나며 마지막 말을 건넸다.

"투자금이 적다면 수익원을 빨리 만들 수 있는 곳에서 사업을 할 것이냐, 더 큰 시장에서 할 것이냐의 문제예요. 시스템을 만들 것이냐, 시스템 안에서 할 것이냐…… 즉 생태계를 만들 것이냐, 단들어진 생태계 안에서 살아갈 것이냐는 순전히 창업을 준비하는 여러분의 몫인 거죠."

■■

바이미닷컴을 나서서 다시 구로디지털단지역으로 향하는 내내 진승남과 조석환은 말없이 발걸음을 옮겼다. 서정민 사장의 마지막 말이 목구멍에 걸려 있는 생선 가시처럼 신경 쓰였다.

생태계를 만들 것이냐,
만들어진 생태계 안에서 살아갈 것이냐.

박
광
세

"전 노하우와 경험을 배우겠다는 목적이 있었어요. 목적있는 직장생활은 수동적이지 않아요. 저 사람이 나한테 이 일을 시키니까 이 일을 해야지 하는 그런 것이 아니라 그 일은 당연한 것이고 다른 일까지 찾아서 하게 되는거죠. 그래야만 더 많은 일을 할 수 있는 기회를 얻을 수 있으니까요."

박광세 대표는 대학 시절 음반업계 선배들과 KOMBA한국뮤직비즈니스협회를 발족하고, Naver지식검색의 원조 격인 싸이볼루션이라는 인터넷 회사를 창업하기도 하면서 디지털 미디어/콘텐츠에 대한 비전을 키워왔다. 졸업 후에는 SK텔레콤에서 게임, 교육, 전자책 등 다양한 무선인터넷콘텐츠 사업을 추진하며 사업적 안목을 넓힌다. 새로운 미디어환경에서 다음세대를 위한 더 나은 교육환경을 고민하며 2006년 ㈜에듀플로를 설립. 현재 공동대표를 맡고 있다. 전세계 어린이들이 공부할 수 있는 콘텐츠를 만드는 것이 박광세 대표의 희망이다.

Park Kwang Se / kspark@eduflo.com

직 장 생 활 에 서 일 을 배 우 다
(주)에듀플로 박광세 대표

'휴…… 처음 생각했던 건 이런 게 아닌데.'

조석환은 창문가에 서서 한숨을 내쉬듯 길게 담배연기를 내뿜었다. 생태계를 만들 것이냐, 만들어진 생태계 안에서 살아 갈 것이냐. 서정민 대표의 말이 잊혀지지 않았다.

그는 취업의 대안으로 창업을 생각했었다. 창업을 해서 자리만 잡는다면 취업을 해서 남의 밑에서 눈치보며 전전긍긍할 필요도 없고 월급보다 많은 돈을 벌 수 있을 거라는 생각을 했을 뿐이었다. 그래서 요즘 한창 유행인 1인창업으로 스마트폰 앱을 만드는 사업을 해볼까 생각했었다. 그런데 조언을 구하러 찾아간 김현진에게 자기와 진승남이 1인창업과 스마트폰 앱 사업을 너무 쉽게 생각하고 있다는 말을 듣고 나서 머릿속이 복잡해지기만 했다. 조석환은 좀더 큰 가치를 생각하며 사업을 하겠다는 거창한 생각을 한 것이 결코 아니었다.

그는 답답한 마음을 담배꽁초에 풀 듯 담뱃불을 거칠게 비벼 껐다. 그때 마침 문이 열리면서 진승남이 들어왔다.

"갔던 일은 잘 됐냐?"

"잘 될 리가 없지."

진승남은 입맛을 다시며 고개를 저었다.

"창업 동아리를 찾아가서 얘기를 해봤는데, 반응이 시큰둥하네."

"며칠째냐?"

"서정민 대표 만나고 와서부터 시작했으니까 한 달 정도 된 거 같다."

진승남은 달력을 보고 날짜를 계산하며 어깨를 으쓱거렸다.

"이젠 창업에 관련된 동아리들에서 나 모르면 간첩이지."

그는 이가 드러내며 밝게 웃어 보였다.

"미친 놈이라고 수근대기도 하더라."

"나라도 그렇겠다. 뭐가 있어야지, 아무것도 없는 주제에 무턱대고 찾아가서 뜬금없이 창업을 할 테니 함께 할 사람 있냐고 물어보면 미친 놈 취급받지."

조석환은 피식 미소를 지으며 고개를 끄덕였다.

진승남은 눈살을 찌푸렸다.

"인마. 물론 아이템이 확실하게 정해진 건 아니지만 너도 괜찮을 것 같다고 했잖아."

"그거야 그렇지."

조석환은 담담하게 고개를 끄덕였다. 진승남은 얼마 전부터 아이템을 정하겠다고 이리저리 뛰어다니고 있었다. 단순히 스마트폰 앱 사업으로 1인 창업을 하는 것은 진승남과 조석환 만으로도 가능했다. 하지만 둘만으로는 안정적 수익을 낼 수 있을 만큼 꾸준히 어플리케이션을 만들어 낼 수도 없었고, 아이디어도 부족하다는 것이 그동안 고민한 결론이었다. 그렇기 때문에 그들은 스마트폰 앱 사업보다는 한 가지 아이템을 정해서 그것이 스마트폰 앱 사업이든 다른 형태의 사업이든 몇 명이 함께 모여 역할을 분담하고 아이디어를 함께 공유하는 것이 좋을 것이라고 생각했다.

그래서 진승남은 함께 창업에 동참할 멤버들을 모으겠다며 교내뿐만 아니라, 근처 학교의 창업 동아리를 찾아다니며 사람들을 모으기 시작했다. 학생들 중에서 창업 동아리 활동을 하는 이들이 창업이나 사업 아이템에 조금은 더 관심이 있을 거라는 계산 때문이었다. 그런 진승남을 바라보는 조석환의 심정은 복잡했다. 창업을 하자고 부추긴 것은 정작 그였는데 어느새 진승남의 꿈에 한 발 걸치고 있는 듯한 어정쩡한 상황이 되어버린 것 같았기 때문이었다.

"여기 전화해 봐라."

조석환은 대답을 흐리면서 책상 위에 놓여 있는 메모지를 진승남에게 건넸다.

"유원석 선배 알지?"

"유원석 선배……?"

유원석. 그는 진승남의 2년 선배였다. 신입생 때 몇 번 술자리를 함께 했던 선배이긴 했지만 잘 아는 사이는 아니었다. 두 학번 선배였기 때문에 학교는 1년 함께 다녔을 뿐, 그 뒤로 서로 군대에 가는 바람에 마주칠 일이 없었다.

"유원석 선배가 전화했더라. 내 번호를 알고 있어서 나한테 했었는데, 네가 전화해 봐."

"무슨 일로……?"

진승남은 메모지를 바라봤다. 그곳에는 유원석이라는 이름 석자와 그의 핸드폰 전화번호가 적혀 있었다.

■

"너. 창업할 거라면서?"

유원석은 자리에 앉자마자 안부인사도 없이 본론부터 말했다.

"아…… 예. 그러려고요."

진승남은 고개를 끄덕였다.

'아…… 이런 스타일이었지.'

그는 자주 보지 못했기 때문에 잊고 있었지만, 유원석이 꽤나 직설적이고 다혈질적인 성격이라는 것을 기억해냈다. 오죽했으면 소개팅 자리에서 소개받은 지 30분 만에 상대에게 사귈까 말까 결정하라고 물어봤는데, 그 이유가 사귀지 않을 거면 찻값을 따로 계산해야 한다고 말했다는 소문이 날 정도였다. 물론 그게 후배들 사이에서 마치 학과 선배가 이랬다더라, 저랬다더라 하는 카더라 전설처럼 사실 확인을 할 수 없는 얘기였긴 했지만, 진승남의 기억속에서 그의 성격은 직설적이었다.

"창업 아이템은 뭐냐?"

짧은 머리에 구리빛 피부는 가뜩이나 어깨 넓고 덩치 좋은 유원석을 더욱 강인하게 느끼게 만들었다. 진승남은 도대체 테이블을 마주보고 앉아 있는 이 덩치좋은 선배가 무엇 때문에 자신을 만나자고 했는지 짐작조차 할 수 없었다.

"예. 우선은 찾아보고 있어요."

그는 조심스럽게 물었다.

"그런데 무슨 일로……?"

"나도 창업을 생각하고 있어서 말이야."

유원석은 자세를 고쳐 앉으며 말했다.

"한 2년 직장생활을 해보니까 창업을 하고 싶다는 생각을 하게 되더라. 월급쟁이가 아니라 내 사업 말이야. 그런데 막상 사업을 하려고 해도 뭘 해야 할지 모르겠더라구."

그는 머쓱한 미소를 지어보였다.

"내가 전자공학부랑 상관없이 영업을 하고 있잖냐. 일 때문에 학교에 왔다가 네가 창업할 거라면서 사람 모은다는 얘기를 들었다."

"그럼……"

진승남은 믿기지 않는 얼굴로 유원석을 바라보며 물었다.

"어떤 사업이든 영업은 필요하잖냐."

유원석은 진지하게 그를 바라보며 말했다.

"나도 함께 했으면 좋겠다. 승남이 너나 석환이 같으면 믿고 함께 하자고 할 수 있을 것 같아서 찾아왔다. 학교에서는 선배였지만 너희들이 창업하는 회사에 나도 창업멤버로 끼워줬음 좋겠다."

"정말이세요?"

진승남은 믿기지 않는 듯 물었다.

"저흰 아직 아무것도 확실한 게 없는데…… 괜찮으시겠어요?"

"인마. 아무것도 확실하지 않을 때 함께 해야 창업 멤버 아니냐. 그리고 석환이 말로는 요즘 잘나가는 IT 사장들 만나러 돌아다니면서 이것저것 공부하고 있다면서?"

"아…… 그거야 제가 아무것도 모르니까."

진승남은 얼굴을 붉히며 뒷머리를 긁적였다.

"난 그런 것도 없이 사업하려고 했던 놈이야. 네가 나보다 훨씬 낫지."

유원석은 다시 한번 머쓱한 듯 미소를 지으며 말했다. 진승남은 가슴이 두근거렸다. 처음으로 사업을 하겠다고 마음을 먹고 사람을 구하고 있었는데, 선배가 제발로 찾아와 함께 하자고 손을 내밀었다는 것이 믿어지지 않았다. 게다가 유원석은 학교를 졸업하자마자 영업직으로 일을 해 왔기 때문에 많은 경험을 쌓아 왔을 것이 분명했다. 어차피 사업이란 어떤 형태로든 영업이 필요하다. 적절한 시기에 적절한 인물이 함께 하자고 손을 내밀었으니 진승남으로서는 고민할 필요가 없는 일이었다.

"그럼 내일 김현진 대표 만나러 가는데 함께 가 보실래요?"

진승남은 자기가 창업에 대해 조언을 구하고 있는 김현진을 함께 만나러 가자는 말로 창업멤버가 되자는 말을 돌려 말했다.

"나 내일 회사에 월차 낸다."

유원석은 힘차게 고개를 끄덕였다.

"석환이도 나오라고 해라. 너, 나 그리고 석환이 셋이서 한잔 해야지."

직설적이고 급한 성격답게 그는 화끈하게 말했다.

"내가 쏜다. 학번은 내가 선배지만 사업은 니들이 선배 아니냐."

그때였다.

"안 그래도 이미 나와 있었수. 형."

조석환이 유원석의 뒤 쪽에서 바지 주머니에 양손을 찔러넣고 서 있었다.

"어떻게 알고 나왔어?"

진승남은 반가워하며 물었다.

"얘기가 잘 되면 잘 되는 대로, 안 되면 안 되는 대로 한잔 할 거 같아서 미리 나왔지. 흐흐흐."

조석환은 능글맞게 미소를 지으며 빈 의자에 앉았다.

"이렇게 셋이 모이니까 딱 유비, 관우, 장비네. 원석이형, 찐하게 쏘슈. 도원결의를 하는 마당에 쪼잔하게 소주에 새우깡을 먹을 순 없잖아요."

그날밤 셋은 조석환의 말처럼 유비, 관우, 장비가 복숭아 나무 아래서 의기투합했듯 쓴 소주잔을 들어 부딪치며 함께 창업을 할 것을 의기투합했다. 진승남은 처음으로 그들에게 자기의 어렸을 때부터 사업을 하고 싶었지만 결국 포기할 수밖에 없었던 상황, 그리고 조석환 덕분에 다시 창업을 생각하게 된 사정을 털어놓았다. 조석환은 그제야 사업 얘기를 꺼냈던 자기보다 어째서 자기가 설득했던 진승남이 더 열정적으로 사업에 대해 고민하고 뛰어다니는지 이해할 수 있었다.

■■

"하하하."

김현진은 유쾌하게 웃음을 터뜨렸다. 진승남과 조석환 그리고 유원석이 그를 만나러 온 것은 좀 전의 일이었다. 그들은 한 달 동안의 일을 설명하면서 유원석이 함께 온 이유도 설명했다. 그 와중에 김현진이 웃음을 터뜨린 것은 진승남이 함께 창업할 멤버를 모으기 위해서 학교의 창업 관련 동아리들을 돌아다니는 대목에서였다.

"그래서 무작정 창업동아리를 찾아갔다구요?"

"예. 그렇다고 모집 공고를 낼 수도 없잖아요. 명문대생도 아닌데……."

진승남은 씁쓸한 듯 뒷머리를 긁적거렸다.

"보통은 그렇게들 생각하죠. 서울의 명문대가 아니라면 인맥도 별거 없고, 내세울 것 없다고 말이에요."

김현진은 담담하게 고개를 끄덕였다.

"저도 호주에서 처음 귀국했을 때 똑같은 상황이었어요. 핸드폰에 중학교 때 친구 2명만 등록되어 있다면 말 다한 거죠."

그는 그때를 회상하듯 쑥스러운 미소를 지으며 말을 이어갔다.

"전 대학생들을 포섭(?)하기로 마음먹었었어요. 무조건 찾아가서 아무나 만났죠. 그래서 물었어요. '너네 학교에서 유명한 애가 누구냐?' 라고 말이죠. 그리고 무조건 만나서 사업을 할 건데 함께 하지 않겠느냐고 설득했어요. 지금 생각해보면 굉장히 무모했지만 그 당시의 저로서는 그것밖에 방법이 안 보였으니까요. 오죽했으면 서울대에서 김현진이라는 사람이 가방으로 서울대 학생들을 주워담으려고 한다는 소문까지 났겠어요."

"무대포셨네요."

유원석은 혀를 내두르며 말했다.

"……"

김현진은 대답 대신 진승남을 바라봤다. 진승남은 얼굴을 붉히며 쑥스럽게 미소를 지어보였다. 그가 왜 자신을 바라보는지, 당시 그가 왜 무작정 대학에 찾아가서 학생들에게 함께 사업을 해보지 않겠느냐며 다가갔는지 충분히 이해할 수 있었다.

"회사생활을 하셨다구요?"

김현진은 유원석을 바라보며 물었다.

"예. 영업직에 있었습니다."

"직장생활을 하시다가 창업에 뛰어드시는 분들도 많이 있어요."

"저도 비슷할 겁니다."

"그럼 이분 한번 만나보시는 게 좋을 것 같은데요."

김현진은 명함 한 장을 내밀면서 말했다.

"직장생활을 하시다가 창업을 하신 분이에요. 게다가 지금 승남 씨가 갖고 있는 아이템을 구체화하는 데 많은 도움을 주실 수 있을 거예요."

진승남은 명함을 받아들었다.

(주) 에듀플로 대표이사 박광세

진승남은 먼저 에듀플로라는 회사에 대해서 알아보기 시작했다. 김현진, 박성준, 서정민 대표를 만나면서 자연스럽게 사업에 대한 조언을 얻기 위해 사업가를 만나기로 했다면 만남이 있기 전 그 사람이 하는 사업에 대해 어느 정도 알고 가는 것이 훨씬 효과적이라는 것을 경험으로 깨달았다. 물론 그것은 보다 많은 얘기를 듣기 위한 준비 과정이라기보다는 기본적인 예의였다.

에듀플로는 2006년에 설립된, 뉴미디어 교육혁신을 기치로 내걸고 있는 회사다. 온라인 게임과 교육을 접목해아이들이 게임을 하면서 학습효과를 거둘 수 있는 '한자마루'라는 사이트를 운영중에 있다.

"이 사람 서울대 졸업해서 SK텔레콤에 다니다가 회사 차린 거 보면 엘리트네."

박광세 대표의 프로필을 바라보던 유원석이 말했다.

그의 표정에서 불만스러움이 묻어났다.

"엘리트 학벌에 대기업 경력에…… 내가 도움이 될 게 있을까?"

"직접 만나보죠."

진승남은 담담하게 말을 받았다. 그가 처음 김현진 대표를 만났을 때와 다르지 않은 반응이었기 때문이었다. 설명을 하는 것보다 직접 만나보고 느껴보는 게 그에게 도움이 될 거라는 생각이 들었다.

"그럼 둘이 다녀와."

조석환이 가방을 챙겨들며 말했다.

"셋이 우루루 몰려가면 그 쪽에서도 좀 부담될 거 아냐. 점심시간에 만나자는데…… 난 학교에 볼일도 있고."

"그것도 그렇겠다."

진승남은 수긍하듯 고개를 끄덕였다. 김현진 대표에게 명함을 받자마자 전화를 걸었을 때 박광세 대표는 점심시간에 만나자는 제안을 했던 터였기 때문에 조석환의 말에도 일리가 있었다. 결국 진승남은 조석환이 아닌 유원석과 에듀플로의 박광세 대표를 만나러 가기로 했다.

■■■

"뭐 드실래요?"

점심시간에 만난 박광세 대표는 인사를 건네자마자 주문부터 서둘렀다.

"점심시간에 뵙자고 한 건 제가 오후에 회의가 있어서 그러니 양해해

주세요.”

그는 손목시계를 힐끔 바라보며 말했다.

“여기 음식은 괜찮아요. 그리고 서초동 이 근방에는 밥 먹고 후식 나오면서 담배 피워도 되는 곳이 별로 없거든요. 그래서 점심 때 미팅이 있으면 주로 여기를 이용하죠.”

박광세는 어깨를 으쓱 하며 미소를 지어보였다.

“아…… 예.”

유원석은 얼떨떨하게 웃으며 메뉴판으로 시선을 돌렸다. 그런 그를 바라보는 진승남의 얼굴에는 엷은 미소가 번졌다. 갸름한 얼굴에 안경을 쓴 박광세 대표는 엘리트답지 않게 소탈해 보이는 인상이었고, 말투도 동네 아는 형같이 친근했다. 그를 만나러 오는 내내 유원석은 그가 엘리트 티를 팍팍 내면서 거만을 떨 거라며 예상했었는데 그 예상이 빗나가자 얼떨떨한 듯 주문한 음식에 코를 박고 음식을 먹기 바빴다.

“대표님은 왜 좋은 직장을 다니시다가 그만두시고 사업을 택하셨나요?”

진승남이 조심스럽게 물었다.

“SK텔레콤 같은 대기업을 그만두시고 창업을 하신다는 게 쉬운 결정은 아니셨을 텐데요.”

“어렵지 않았어요.”

박광세는 담담하게 말을 받았다.

“전 입사할 때부터 창업을 염두에 두고 있었으니까요.”

“입사할 때부터요……?”

유원석이 흥미로운 듯 물었다.

"그럼 처음부터 창업을 준비하시지 그러셨어요?"

"가정형편이 어려웠거든요. 아……! 잠시만요."

박광세는 대답을 하다가 테이블 옆으로 지나가는 종업원을 발견하자 그녀에게 음식그릇을 치워달라고 부탁을 건넸다. 음식그릇이 치워지고, 후식으로 간단한 커피와 차가 나오는 동안 진승낙과 유원석은 뻘쭘한 표정으로 서로 눈치를 보고 있었다. 처음 만나는 창업 준비생인 자신들에게 집안형편이 어려웠다는 얘기를 저렇게 아무렇지도 않게 꺼냈다는 사실에 뭐라 대답해야 할지 몰랐기 때문이었다.

"전 고향이 인천이에요."

종업원이 재떨이를 가져다주자 박광세는 담배에 불을 붙이며 말을 이어갔다.

"인하사대부고에 입학했었는데 보름만에 자퇴를 했어요."

"자퇴를요……?"

"뭐. 어린 마음에 인생을 허무하게 생각해서 그랬나봐요. 어쨌거나 검정고시를 치루고 운좋게 남들보다 1년 먼저 대학에 들어갔죠."

"아…… 그게 서울대였군요. 그럼 서울대에 빨리 입학하기 위해서 자퇴를 하신 건가요?"

"결과적으로는 그렇게 됐지만…… 후…… "

박광세는 길게 담배연기를 내뿜으며 잠깐 말을 멈췄다.

"대학에 들어가기 전에 아버지가 돌아가셨어요. 집안 경제는 엉망이 됐고, 결국 생활보호대상자가 됐죠. 서울대에 들어간 건 국립대에 기숙사, 장학금 때문이었어요."

그때를 회상하듯 아련한 눈빛으로 담배연기를 뿜었다.

"그리고 서울대생이면 두둑한 과외비로 어머님과 동생의 생활비에 도움을 줄 수 있었거든요."

"아……."

진승남은 담담하게 말하는 그의 음성에서 그 당시의 삶이 얼마나 치열했었는지를 알 수 있었다.

"그렇다면 사업은……?"

"사실 처음 사업자 등록증을 내고 사업을 한 건 98년도 공익근무요원 시절이에요. 97년도에 공익근무요원으로 복무하기 시작했는데 1년쯤 지나니까 98년도쯤에 여유가 생기더라구요. 게다가 함께 근무하는 사람들 중에 포토샵의 도사가 한 명 있었어요. 그 사람한테 포토샵을 배웠죠. 그리고 만화를 그리는 친구도 있었거든요. 마침 당시에 스티커 사진이 열풍을 불 때여서 그 사업을 하기로 마음먹었죠."

박광세는 마치 어릴 때의 무용담을 기억하듯 미소 띤 얼굴로 당시를 설명해나갔다.

"만화가 친구가 그림을 그리고 제가 포토샵 작업을 해서 기계로 뱃지, 머그컵, 티셔츠 등을 만드는 일을 했어요."

"집안형편이 어려우셨는데 사업자금은 어떻게 마련하셨나요?"

"과외를 하면서 조금씩 모아뒀던 돈으로 컴퓨터와 프린터기, 스캐너를 샀어요. 사무실은 같이 창업하는 친구 아버님의 도움으로 허름한 창고를 사용했구요. 으아…… 정말 장난 아닌 사무실이었어요."

그는 혀를 내두르며 말했다.

"건물에 화장실도 없고, 겨울에 안에 들어와 있어도 밖에 있는 것 같은 그런 사무실이에요. 지금도 기억나는 게 사발면을 샀는데 사무실에서는 식수가 없어서 사발면을 먹을 수가 없었어요. 슈퍼에서 사발면을 사고 물을 끓여주지 않는다고 해서 어쩌나 고민하고 있을 때 옆 건물의 유흥가 아가씨가 불쌍해 보였는지 물을 부어다 주더라구요. 하긴, 사발면 하나도 끓여먹을 수 없어 보였으니 그럴 만했죠. 아침마다 공익근무요원 출근할 때 사무실 안에서 패트병 같은 병에다가 소변을 브아놨 던걸 주위 사람들 몰래 길거리 하수구에 뿌릴 정도였거든요."

"잘 되셨나요?"

"잘 안 됐지만 결과적으로 오기는 생기더라구요."

진승남의 물음에 박광세는 어깨를 으쓱했다.

"오기라면……?"

"처음 사업자 등록을 할 때 전 정말 깡통이었어요. 뭐, 한국 최고의 대학이라고 사람들이 말하는 서울대 경영학과 학생인데 사업자 등록을 하려고 하니까 아는 게 아무것도 없더라구요. 진짜 깡통이었죠."

그는 담배를 재떨이에 비벼 껐다.

"사업자 등록 어떻게 하는 줄 아세요?"

박광세는 장난기 가득한 얼굴로 진승남과 유원석을 바라보며 물었다.

"글쎄 그게……."

"아직 해보지 않아서."

둘은 갑작스러운 질문에 당황한 듯 말을 얼버무렸다.

"책을 찾아봐도, 수업을 들어봐도 그것에 대해 알려주는 건 아무도 없었어요. 그래서 도서관에서 창업하는 법부터 디립다 팠죠. 그리고 뭘 어떻게 해야 하는지 이것저것 살펴보고 나서 세무서를 찾아갔어요."

박광세는 당연하다는 듯 미소를 지었다.

"그런데 정작 세무서에 갔더니 맥 빠지더라구요. 그냥 가서 번호표 뽑고 기다렸다가 알려주는 대로 서류 작성하고 오면 되는 거였어요. 막상 부딪혀봤더니 너무 간단하니까 오히려 허무하더라구요."

그는 그때의 기억을 하나씩 풀어내기 시작했다.

첫 번째 사업 실패 후 그는 공익근무요원 근무 기간이 끝날 때까지 웹프로그래머 일을 할 수 있었다. 당시에 웹프로그래머는 흔치 않았기 때문에 홈페이지를 만들어주고 돈을 받아 용돈을 썼다. 전문적인 고급 인력은 아니었지만 그 경험 때문에 복학했을 때 벤처기업을 하는 선배들의 사업모델을 컨설팅해 주는 일을 할 수 있었다.

그것이 인연이 되어 2000년도에 새로운 창업을 하게 되었고, 투자까지 받을 수 있었다. 싸이볼루션이라는 회사였는데, 2000년도 초에 생겨난 인터넷 회사들 중 하나로 지금의 네이버나 다음처럼 인터넷 지식검색 사이트를 운영했었다. 그는 개발 쪽을 맡았고, 함께 창업한 친구가 경영을 맡았다. 하지만 개발을 마치고 본격적인 마케팅을 시작하려는 시점에 벤처붐이 꺼지면서 추가 투자 유치에 실패하게 되었다. 당시 외부 투자에 의존하던 벤처들이 돈줄이 끊겨 매말라 가는 시점이었고 아직 수익모델을 만들지 못한 신생 벤처 싸이볼루션은 더 이상 회사를 운영하기 어려운 상황이 되어 버렸다.

회사인수(M&A)제안이 들어왔지만 그것도 거절할 수밖에 없었다. 회사 전체를 인수하는 조건이 아니라, 일부만 흡수하는 조건을 받아들일 수가 없었다. 결국 그는 회사 청산을 선택했다.

당시 수많은 학생 벤처회사들이 그랬듯 열정만 앞섰을 뿐 경험 부족을 극복할 수가 없었다. 그 경험 부족의 가장 큰 부분은 경영의 이론만 알고 있을 뿐 실전에 대해서 전혀 아는 바 없이 아이템만 믿고 사업에 뛰어드는 무모함이 열정이라고 생각한 것이었다. 하지만 실패는 그로 하여금 사업을 하겠다는 마음을 굳히도록 만들었다.

학교로 돌아와 남들이 취업준비를 하고 자격증을 준비할 따 그는 경영서적, 마케팅 서적을 파고들었다. 하지만 그는 당장 사업을 시작할 수는 없었다. 집안의 생계를 책임져야 할 장남의 입장에서 사업을 해나가면서 겪어야 할 시행착오들을 감당할 자신이 없었다. 학창시절의 창업 경험은 그에게는 많은 교훈을 남겨주었다.

시행착오를 거치지 않는 사업은 존재할 수 없으며 그것을 통해 노하우를 얻게 되지만 그 비용은 많은 시간과 돈이라는 사실을 알게 되었다. 그는 시간을 투자할 수는 있었지만 금전적인 비용을 지불할 생각은 없었다. 아니 현실적으로 불가능했다. 그래서 박광세는 새로운 방법을 모색했다. 금전적인 비용을 지불하지 않고 사업적 노하우와 경흔을 쌓을 수 있는 방법으로 그는 취업을 선택했다. 그리고 2003년도에 SK텔레콤에 입사했다.

"5년을 목표로 했어요."

박광세는 손가락 다섯 개를 펴보였다.

"우선은 현실적으로 집안 생계를 나몰라라 할 수 없기 때문에 안정적인 소득원이 필요했던 것도 사실이구요. 두 번째는 아무 회사나 선택한 것이 아니라, 제 비전에 맞는 회사라는 점도 중요해요. 이미 학창시절에 음악 등 컨텐츠 사업에 관심을 가지고 인터넷 사업을 경험했던 저로서는 다가올 미래 트렌드의 핵심인 모바일의 매력에 끌렸습니다. 지금도 SK텔레콤이 매우 선호되는 직장 중에 하나였지만, 당시 제 비전을 기준으로 하면 다른 대안을 생각할 수 없을 정도로 매력적인 일이었죠. 5년 동안 미친 듯이 일하면서 배울 수 있는 건 모두 배워서 나올 생각이었어요."

"처음부터 그만둘 생각으로 회사생활을 한다는 건 좀……."

유원석은 조심스럽게 입을 열었다.

그가 알고 있는 직장생활은 처음부터 그만둘 거라고 생각하고 할 수 있는 그런 만만한 것이 아니었기 때문이었다.

"회사에서 단순히 뭔가를 빼먹겠다는 생각으로 취업을 한 건 아니에요. 그리고 그런 마음가짐으로는 무언가를 배우기도 어렵습니다."

박광세는 고개를 저었다.

"전 노하우와 경험을 배우겠다는 목적이 있었어요. 목적 있는 직장생활은 수동적이지 않아요. 저 사람이 나한테 이 일을 시키니까 이 일을 해야지…… 하는 그런 것이 아니라 그 일은 당연한 것이고 다른 일까지 찾아서 하게 되는 거죠. 그래야만 더 많은 일을 할 수 있는 기회를 얻을 수 있으니까요."

그의 표정은 확신에 차 있었다.

"직장에 들어가서 난 몇 년 뒤에 나갈 거니까 열심히 할 필요 없어. 라고 생각하고 일을 하면 결국 플러스 알파의 기회를 얻지도 못할 뿐만 아니라, 무능한 직원으로 낙인 찍혀 버릴 거예요. 직장에서도 무능한 사람이 창업을 꿈꾸기는 좀 그렇잖아요."

"그렇긴 하겠네요."

진승남은 고개를 끄덕이며 물었다.

"그럼 그 전에 창업을 했던 경험들이 직장생활에도 도움이 되셨나요?"

"물론이에요."

박광세는 고개를 끄덕였다.

"보통 회사마다 문화의 차이는 있을 수 있겠지만, 제가 다닌 SK텔레콤의 경험을 놓고 보면 도움이 됐죠. 창업을 했던 경험들은 내게 주도적으로 일을 찾고, 정보를 찾고, 사람들을 만나게 해주었어요. 그것들이 상사들에게 좋게 보였었죠. 직장생활이라는 게 자기가 많이 기회를 찾아다녀야지 기회를 얻을 수 있어요. 그 기회를 찾으려는 노력과 그게 어떤 의미를 갖는지를 확실하게 알고 있었기 때문에 5년 동안 지치지 않고 노력할 수 있었어요."

5년의 직장생활 동안 어머님이 거주하실 수 있는 작은 아파트를 마련했고, 그 즈음 동생이 취업을 했다. 그 덕분에 박광세는 홀가분한 마음으로 퇴직을 결심할 수 있었다. 그는 2006년도부터 지금의 사업을 진행시켰지만 SK텔레콤을 그만둔 것은 2007년 2월 말이었다. 대기업 직원으로 있을 때 대출을 받기가 수월했기 때문이었다.

퇴사할 때 교육용 게임을 제작하겠다는 구체적인 사업 아이템을 갖고 있었던 그는 확신을 갖고 있었기 때문에 대출과 인센티브, 퇴직금 모두를 사업에 투자할 수 있었다. 그가 확신을 가질 수 있었던 것은 '나이키의 적은 닌텐도다.'라는 말에서부터였다. 이것은 보통 나이키의 적은 아디다스나 다른 스포츠 메이커라고 생각하기 쉽지만 나이키 운동화를 신고 돌아다닐 시간에 아이들이 집에서 닌텐도를 하기 때문에 나이키 운동화를 사 신지 않는다는 나이키의 주장이었다.

그는 공부할 시간을 인터넷에 빼앗긴다고 생각하는 부모들에게는

'공부'를, 공부하는 시간 때문에 게임을 할 시간을 빼앗긴다고 생각하는 아이들에게는 '게임'을 한다는 생각이 들 수 있을 정도로 재미있고 학습효과를 높일 수 있는 인터넷 게임을 목표로 하고 있었다.

물론 문제도 있었다. 보통의 일반적 창업 초기단계에 있는 기업들이 수익이 나지 않는 것처럼 에듀플로 역시 마찬가지였다. 그와 공동대표인 동업자는 정부에서 지원해주는 정책자금을 활용하고, 외주용역과 은행의 융자로 1년 반을 버텨야만 했다. 결국 에듀플로는 박광세가 SK텔레콤에서 퇴사한 뒤 1년 반이 지난 시점에서 외부 투자를 받았고, 2009년 4월에 게임 '한자마루'를 공개했다. 현재는 게임뿐만 아니라, 학습지 사업까지 사업영역을 확대하고 있는 상황이다.

박광세는 유원석을 바라보며 말했다.

"제가 직장생활에서 얻은 것은 식구들의 경제적인 안정뿐만이 절대 아니에요. 창업을 했을 때 겪어야 할 많은 시행착오들을 해결할 수 있는 방법들을 연습할 수 있었어요. 원석씨의 2년 동안의 직장생활 경험 역시 무척 소중한 자산이 될 수 있을 거예요."

"정말 그럴까요?"

"공익근무요원 때와 학생 때 창업을 한 경험이 없이 창업을 생각했으면 무척이나 어려웠겠죠. 상상이 되지 않는 길이니까요. 하지만 전 그 경험을 해봤고, 당연히 겪어야 하는 시행착오들이 있다는 사실도 알고 있었죠. 그렇기 때문에 시행착오를 거쳐야 할 제 부족한 부분을 채우기 위해서 일종의 훈련기간을 거친 거예요. 책속의 세계가 아니라 진짜 비즈니스의 세계에서 말이죠. 이미 만들어진 회사에서는 합리적인 의사결정을 하기 위한 시스템들이 있잖아요. 그걸 겪어보는 것은 창업을 위한 훌륭한 훈련이 되었죠. 원석 씨의 경우는 이유는 다르더라도 창업을 하게 되면 결국 2년 동안 실전훈련을 해온 셈이 되는 거예요."

"예…… 그렇군요."

유원석은 쑥스러운 듯 얼굴을 붉히며 머쓱하게 웃었다.

'사실은 무척 겁났었는데…….'

많은 월급은 아니지만 충분히 장래성 있는 회사에 다니고 있었기 때문에 직장을 박차고 나와 창업전선에 뛰어든다는 것을 두려워하고 있던 유원석으로서는 박광세의 말이 커다란 위안으로 느껴졌다.

"아직 아이템을 확실하게 정하지 않았다고 하시던데요."

박광세는 진승남을 바라보며 물었다. 진승남은 고개를 끄덕였다.

"예. 지금은 막연하게 아이디어만 있는 상태예요."

"아이디어에 너무 치중하진 마세요."

박광세는 물을 한잔 마신 뒤 말을 이었다.

"좋은 사업 아이템을 갖고 있으면 사람과 자본이 모이게 되죠. 하지만 그 사업 아이템이 만들어지기까지의 과정이 중요한 거지, 정작 아이디어가 중요한 건 아니에요. 아이디어는 실행되지 않은 상태에서는 가치가 제로라고 생각해요. TV프로그램에서 아이디어 하나만 있으면 대박을 만들 수 있다고들 하죠. 하지만 그 아이디어를 상품으로 만드는 끈질기고 지루한 과정은 생략해서 보여주더라구요. 그 과정에서 사그라지고 포기되어지는 경우가 많은데도 말이죠. 트위터를 한번 보세요."

그는 들고 있는 스마트폰을 보여주며 말했다.

"아이디어 자체는 심플하잖아요. 짧은 글을 올리고, 많은 사람들이 보고 서로 소통한다. 하지만 사업을 해보니 중요한 건 그 심플한 아이디어를 누가 어떻게 실천했느냐는 거더라구요. 최초의 서비스가 성공하는 것이 아니라, 가장 먼저 소비자들에게 다가가 인정받는 서비스가 성공하는 거예요. 어떤 아이디어를 갖고 계시더라도 믿을 수 있는 이들에게 얘기하고 검증받는 과정을 거치면서 보다 사업적 타당성이 있는 아이템으로 발전시켜나가세요."

그때 박광세의 핸드폰이 요란하게 진동하기 시작했다.

"아…… 잠시만요. 예. 박광세입니다."

박광세는 눈빛으로 진승남과 유원석에게 양해를 구한 뒤 핸드폰을 집어들었다. 사무실에서 걸려온 듯한 전화였는데, 통화는 오래 이어지지 않았다.

"아……! 벌써 시간이 그렇게 됐네요. 금방 들어갈게요."

그는 손목시계를 바라보며 통화를 마무리했다.

"바쁘신 것 같은데 저희 때문에……."

진승남은 조심스러운 표정으로 물었다. 사업으로 바쁜 박광세를 너무 오랫동안 붙잡아 놓은 듯했기 때문이었다. 점심시간의 북적거렸던 식당도 이제 한산해진 듯 주위에는 빈 테이블밖에 남아있지 않았다.

"괜찮아요. 두 가지만 더 말씀드리고 일어날게요."

박광세는 진승남을 안심시키는 듯 미소를 지어보였다.

"첫 번째, 미국의 첨단기술 연구단지인 실리콘밸리가 차고 문화라는 것을 잊지 마세요."

"차고 문화……."

"아이폰을 만든 애플도, 윈도우의 MS도 집의 지하차고에서부터 시작했어요. 창업 초창기 때는 허리띠를 졸라매야 한다는 거죠. 창업 초기는 누구에게나 무척 어려운 시절이에요. 허세 부리지 말고, 한 푼이라도 아끼려고 노력하세요. 10원을 아끼면 10원이 되지만, 10원을 벌기 위해선 실제 200원을 벌어야 해요. 마진율을 따져봤을 때 말이죠. 그렇기 때문에 창업자는 자금 운용에 있어서 보수적이 되어야 해요. 그걸 명심하시면 아무리 힘들어도 견뎌내실 수 있을 거예요."

"예."

"그리고 두 번째는 영화 얘기예요."

"영화요……?"

"U-571 이라는 영화를 봤었어요. 잠수함 영화예요. 해군사관학교를 막 제대한 부함장과 역량 있는 함장이 타고 있는 잠수함이 독일군 U보트 진영에서 작전을 수행 중이었죠."

박광세는 마치 영화가 앞에 펼쳐지고 있는 듯 그 이야기를 풀어냈다.

제2차 세계대전의 와중에서 독일 잠수함 U보트는 북대서양에서 맹위를 떨치고 있었다. 연합군이 U보트를 막을 수 없었던 이유는 독일의 U보트의 암호를 해독할 수 없었기 때문이었다. 이때 독일 U-571 잠수함이 연합군의 폭격으로 일부가 파손된 채 대서양에 떠있게 되었는데, 연합군은 S-33호라는 미국 잠수함을 독일의 U보트로 위장해 U-571에 접근해 암호 해독기를 탈취하는 임무를 부여했다.

그런데 부함장과 몇 명의 선원들이 U-571로 옮겨 탔을 때 S-33호가 폭파되고, 해군사관학교를 막 제대한 부함장은 선원들의 목숨과 독일군 포로들의 목숨까지 책임져야 하는 상황에 직면하게 된다. 함장이 죽었기 때문에 부함장이 함장이 된 것이었다.

"액션영화였는데 전 눈물이 나더라구요."

박광세는 쑥스러운 듯 머쓱한 미소를 지으며 말했다.

"함장이 된 부함장의 마음을 충분히 이해할 수 있었거든요. 옆에 사람들은 이상한 사람으로 봤겠지만 말이죠. 항상 사람들은 회사의 대표라는 자리를 이미 자리 잡은 회사를 기준으로 봐요. 하지만 이제 막 창업을 하고 회사를 끌어가는 과정에서의 대표는 달아날 수도 없는 잠수함 속에 갇혀진 부함장의 처지와 비슷해요. 누구에게 책임을 전가할 수도 없고, 모든 이들의 목숨을 책임져야 한다는 점에서 말이죠."

"아……."

"비즈니스라는 건 잠수함 속에 갇혀서 의사결정을 하는 것과 비슷해요. 자기가 책임져야 하죠. 시간이 지나면 그 부담감에 단련되기도 하지만 절대 무뎌져서는 안 돼요."

박광세는 진승남을 바라보며 말했다.

"창업을 하면서 그 책임감을 잊지 마세요. 회사 대표의 어깨에 회사에 속해 있는 모든 사람들의 인생이 걸렸다는 부담감은 영원히 떨쳐낼 수 없는 숙명이니까요."

그는 그 말을 끝으로 자리에서 일어났다. 천안으로 돌아가는 길에 진승남은 박광세를 만나러 오는 자리에 유원석을 데리고 오길 잘했다고 생각했다. 유원석의 표정이 한결 개운하고, 자신감과 기대감에 가득 차 있었기 때문이었다.

이

강

일

"전 다만 조금 더 소비자의 입장에서 생각했을 뿐이예요. 그게 결과적으로는 기존에 있던 기업이 쉽게 할 수 없는 길을 간 것인지도 모르죠."

"저는 스피드라고 생각해요. 의사결정 뿐만 아니라 제품을 출시하는 속도나 모든 것들에 있어서 발빠른 대응이죠. 벤처라는 게 그런 장점이 있잖아요. 발빠르게 내놓고 시장의 반응을 보고 대처하고, 수정하고, 순환구조가 빠르죠."

이강일 대표는 한국디지털미디어고등학교 재학 시, EBS 교육방송을 시청하면서 수업에
집중할 방법을 찾던 것에서 시작한 아이디어가 현재 그의 사업의 모태가 되었다.
현재 아주대학교에서 경영학을 전공하고 있으며, 메가브레인㈜를 설립하여 대표이사를 맡고 있다.
2003년 대한민국 컴퓨터 경진대회 e비지니스 부분에서 정보통신부 장관상을 받았고,
2005년 경기도 대학생 창업경진대회 대상, 대한민국창업대전 장려상 ,
2009년 대한민국인재상(대통령상)을 수상하였으며, 2009년에는 중소기업청 청년창업정책자문위원으로 활동하였다.

Rhee Kang Il / mbture@gmail.com

자 신 만 의 무 기 를 개 발 하 라

(주)메가브레인 이강일 대표

"그루폰이라……."

김현진은 진승남의 창업 아이템에 대해 듣고 나서 고개를 끄덕였다.

"좋은 롤모델을 잡으셨는데, 괜찮겠어요?"

"괜찮겠냐니요?"

"이미 그루폰은 미국의 벤처 신화가 됐어요. 분명 그것을 벤치마킹한 회사가 생겨날 거예요. 그들과 경쟁할 수 있겠난 말이죠."

"아……."

진승남은 그제야 김현진이 괜찮겠냐는 말을 한 의미를 이해할 수 있었다.

"물론이에요. 레스토랑뿐만 아니라 서비스, 영화관, 그리고 골프장 이용권까지 영역을 확대해나간다면 충분히 가능성 있을 거라 생각합니다."

"그럼 이제 좀더 아이템을 어떻게 구체화할 지 전략적으로 접근할 필요가 있겠군요."

김현진은 빙그레 웃으며 말을 이어갔다.

"경영의 전략전술이라면 어떤 걸 말씀하시는 건가요?"

진승남은 궁금한 듯 물었다.

"박광세 대표님이 이렇게 말씀하시더라구요."

김현진은 자신의 이야기가 아닌 박광세 대표의 에듀플로를 예로 들어 설명을 시작했다.

미국 시장에서 성공한 회사들을 보면 사우스웨스턴 항공, 월마트 같이 전통적으로 성공하는 시장에서 후발주자로 시장에 뛰어들었음에도 내부적인 혁신을 이뤄내 성공하는 사례들이 있다.

기존의 거대한 시장이 존재한다는 것은 소비자가 있다는 말로 시장 자체가 검증되어 있다는 말과 같다. 하지만 많은 사업가들이 그 산업의 진입장벽이 높다는 것 때문에 쉽게 뛰어들지 못하는 것이 현실이다.

하지만 박광세는 이렇게 말한다.

'그런 산업의 경우에 시장자체를 잘 보면 어떤 특정 고객층의 요구가 충족되지 않은 상태에서 유지돼 오면서 소비자층의 균열이 오는 경우가 많이 있다. 에듀플로는 그곳에서부터 출발했다. '다이렉트 보험'이 기존의 보험설계사들로 무장한 거대 자동차 보험업계에서 인터넷 다이렉트 시장을 개척했다. 그런데 기존의 거대 보험회사는 자신들에게 막대한 이익을 남겨주는 보험설계사 시스템을 포기할 수 없었기 때문에 다이렉트 보험이 자리를 잡을 때까지 인터넷을 통한 유통시장에 뛰어들 수가 없었다. 즉 기존 유통망의 강자들은 기득권을 포기할 수 없는 한계 때문에 틈새시장인 인터넷 다이렉트 영업 시장이 생겨나는 것을 앉아서 지켜볼 수밖에 없었다. 마찬가지로 에듀플로는 방문교사 시스템으로 학습지 시장에서 확고부동한 지위를 차지하고 있는 대기업과의 경쟁에 뛰어들었다. 하지만 기존 대기업이 오프라인의 방문교사 시스템을 고집하고 있는 동안 온라인 시장에 뛰어드는 시간은 늦어질 것이다. 에듀플로는 그 온라인 시장을 선점할 계획이다.'

현재 에듀플로는 기존의 대형학습지 업체들을 위협할 만큼은 아니지만 분명 기존의 유통채널이 접근하지 못하는 채널에 자유롭게 접근하고 있는 것이 사실이다. 기존에 소비자가 많이 있는 것이 증명된 시장은 당연히 진입장벽이 높다. 그것은 기존 방식대로의 접근으로의 시각이다. 하지만 새로운 접근방식과 빠르게 변화하는 시장에 대처해 나가는 규모가 작은 벤처기업에게는 해당되지 않는다. 이것이야 말로 벤처가 가진 최고의 전략전술이 될 수 있다.

김현진은 진승남을 바라보며 물었다.

"구글이 어째서 세계적인 검색 사이트로 성장할 수 있었다고 생각해요?"

"글쎄요. 검색이 잘 되기 때문이 아닐까요?"

"맞아요. 핵심은 그거예요."

김현진은 목소리에 힘을 주며 말했다.

"구글은 야후와 경쟁관계였어요. 하지만 야후가 훨씬 유리했죠. 야후는 포털 사이트를 지향했어요. 이것저것 소비자가 원하는 모든 것을 다 갖춰갔죠. 하지만 소비자들은 야후를 찾을 때 포털 사이트의 여러 가지 기능을 보는 이들도 있었지만 대부분은 궁금한 것을 검색하기 위해서였어요. 그런데 검색은 거지같고 이것저것 잡다한 것들이 많았죠. 구글은 야후가 수많은 컨텐츠들에 역량을 쪼개서 사용할 때 오로지 검색 한 가지에 집중했어요. 그것이 결국 야후를 누르고 세계 최고의 검색 사이트가 될 수 있었던 이유죠."

"아……."

"포털을 지향한다, 검색만을 고집한다는 것은 둘 다 기업의 전략이에요. 저는 남들이 하지 않는 블루오션만을 고집할 필요는 없다고 봐요. 이미 이 세상 모든 분야에서 자리를 잡고 있는 기업들이 있는 현실에서 남들이 하지 않는 것만 찾는다면 결코 창업을 할 수 없을 거예요."

그는 진승남을 향해 명함 한 장을 내밀며 말했다.

"승남 씨가 생각하는 그루폰 벤치마킹은 이미 많은 이들이 준비하고 있을 거예요. 하지만 승남 씨만의 무기를 개발한다면 충분히 가능성 있을 거예요. 그걸 이분을 통해서 깨닫길 바래요."

진승남은 김현진이 내민 명함을 받아들었다.

(주)메가브레인 대표이사 이강일

"특이하네요."

진승남은 김현진을 바라보며 말했다.

"회사 주소가 수원 아주대학교 산학협력원으로 되어 있어요."

"이강일 대표는 아직 학생이에요."

김현진은 빙그레 미소를 지으며 말했다.

"학생이면서 사업가인 이강일 대표의 이야기가 아마 역시 학생신분인 승남 씨에게 많은 도움을 줄 수 있을 거예요."

"좀 부담스럽겠다."

조석환은 눈살을 찌푸리며 모니터를 바라봤다.

"우리보다 나이가 어린데…… 괜찮겠냐?"

모니터 안에는 메가브레인이라는 회사와 이강일 대표에 관한 많은 웹페이지들이 펼쳐져 있었다.

25세 젊은 나이로 국내 대학생 CEO의 대표 주자 중 하나라고 평가되고 있는 이강일 대표의 메가브레인은 기존의 집중력 향상 기기 전문 업체와 달리 PMP, 핸드폰, 인터넷 강의에 소프트웨어를 접목시켜 선풍적인 인기를 얻고 있었다.

"그게 무슨 상관이냐?"

진승남은 무덤덤하게 대답했다.

"여기 봐라. 나이는 젊지만 사업 경력은 대단한 사람이야."

그는 손가락으로 한 블로그를 가르쳤다. 중소기업청 블로그였는데, 그곳에는 이강일 대표가 메가브레인을 창업하기 이전에 벌써 세 번의 사업 경험이 있다는 이야기를 담고 있었다.

10살 때 친구들의 미니카를 수리, 개조해주면서 돈을 벌었던 일이 그 첫 번째였다. 두 번째는 중학교 3학년 때 부동산에 공인중개사 홈페이지를 만들어주는 일을 했었는데, 지나치게 낮은 가격을 고집하다가 동종업계 사람들에게 반발을 사서 포기했던 일이었다. 세 번째 사업은 고등학교 1학년 때 'Missli'라는 아바타 패션몰이었는데, 그것은 다른 회사와의 제휴를 통해 지원금까지 받았었다.

"이 정도 경험이라면 만나만 줘도 감지덕지겠다."

진승남은 모니터를 바라보며 혀를 내둘렀다. 어릴 때부터 쌓여온 사업 경험들이 지금의 메가브레인을 만들었을 거라 생각하자 그에게 어떤 얘기를 들을까 기대가 되기도 했다.

"알았다. 네가 그렇다면 그런 거지 뭐. 잘 다녀와."

"넌 함께 안 갈 거야? 원석이 형은 벌써부터 영업한다고 여기저기 뛰어다니고 있나 보더라. 그럼 너라도 함께 가야지."

진승남은 조석환의 시큰둥한 반응에 의아한 듯 물었다.

"우리 사장은 너야. 다른 회사 대표를 만나서 얘기를 하는 건 우리를 대표하는 사장이 해야 할 일이잖냐. 굳이 내가 함께 갈 이유가 없잖냐. 난 내할 일을 해야지."

조석환이 말했다.

"……"

진승남은 아무런 말도 하지 못하고 조석환을 바라봤다.

며칠 전 유원석과 함께 셋이 모인 자리에서 진승남은 그루폰 벤치마킹을 제안했다. 서비스업체들을 섭외해야 하는 영업이 많은 비중을 차지한다는 말을 듣고 유원석은 반색을 하며 환영했다. 그는 아직 다니던 회사에서 퇴직을 하지 않은 상황이긴 했지만 영업은 그의 전문 분야였다. 조석환역시 이미 검증된 사업 아이템이라는 측면에서 만족해했다. 유원석은 전문 분야대로 영업 파트를 맡기로 했다. 진승남과 조석환은 소비자 호응도를 분석하기 위한 자료조사, 그리고 스마트폰 앱과 인터넷 웹사이트를 만들고 함께 진행할 인력들을 모으는 일을 하기로 했다. 그러는 중에 진승남은 레인디의 김현진 대표와의 꾸준한 만남을 통해 조언을 구하고 인맥을 넓혀가는 일을 하기로 했다. 조석환은 그 부분에서 진승남에게 '사장'이라는 직함이 어울린다는 말을 했다. 진승남은 처음 창업을 하기로 하고 자신을 끌어들였던 조석환의 입에서 그런 말이 나오자 당황하는 듯했지만 옆에서 듣고 있던 유원석이 그 말이 맞다면서 맞장구를 치자 수긍할 수밖에 없었다. 함께 창업을 하자고 할 때만 해도 사장이 된다는 생각을 하지 않았던 그로서는 그 말이 갖는 무게를 아직까지 실감할 수는 없었다. 그렇지만 박광세 대표의 말이 떠오르는 것은 어쩔 수가 없었다.

"회사 대표의 어깨에 회사에 속한 사람들의 인생이 걸려있다는 부담감은 영원히 떨쳐낼 수 없는 숙명이에요."

아주대학교 산학협력원은 정문을 통과해서도 꽤나 오랫동안 걸어가야 도착할 수가 있었다.

"차들 많네."

진승남은 언덕길을 올라오느라 지친 듯 손수건을 꺼내 이마에 맺힌 땀을 닦으며 중얼거렸다.

요즘 대학들이 다 그렇듯 아주대 정문을 통해 이곳까지 걸어오는 동안 길 양옆 주차라인에 빼곡이 주차되어져 있는 차들은 산학협력원 앞에도 마찬가지였다. 마침 출입구 쪽에서 전화통화를 하고 있는 한 남학생을 발견하고 그에게 다가갔다.

"여기가 산학협력원 맞나요?"

"네."

남학생은 통화를 하면서도 빙그레 미소를 지어보이며 대답했다. 이가 드러나게 밝게 웃는 모습이 보는 사람으로 하여금 기분 좋게 하는 그런 미소였다. 세미정장을 입고 있는 그 학생은 여전히 통화중이었는데, 진승남은 그에게서 어딘가 낯익다는 느낌을 받았다. 아니나 다를까 진승남이 이강일 대표에게 전화를 걸었을 때였다. 신호가 가고 있었는데, 옆에서 그 남학생의 목소리가 들려왔다.

"잠깐만, 전화가 왔네. 여보세요."

"안녕하세요. 이강일 대표님. 전화드렸던 진승남입니다."

"아. 예. 어디까지 오셨나요? 전 지금 산학협력원 입구에 서 있는데요."

"아……!"

진승남은 그제야 자신을 향해 밝게 웃어주던 그 남학생의 목소리가 옆에서도 들려오고 있지만, 자기가 들고 있는 핸드폰에서도 함께 들려온다는 것을 깨달을 수 있었다. 옆에 있던 이강일 역시 머쓱하게 웃음을 지으며 핸드폰을 든 채 진승남을 바라보고 있었다.

"하하하."

"하하하."

둘은 기분 좋게 서로를 바라보며 웃음을 터뜨렸다.

■

"사무실은 한창 일할 시간이니까, 여기서 말씀 나누죠."

이강일은 그를 산학협력원 1층에 있는 휴게실로 안내했다. 음료수와 커피 자판기가 놓여 있고 키 작은 탁자 몇 개, 그리고 탁자마다 네 개의 의자가 놓여 있는 그런 평범한 대학건물 내 휴게실의 모습이었다.

"저희 학교랑 비슷하네요. 학생들이 사업하는 게 다 비슷할 거라고 생각해요."

"······"

이강일은 자리를 안내하다 말고 의아한 듯 진승남을 바라봤다.

"왜 그러세요······?"

"아······ 아니에요. 아직 몇 분 안 만나 보셨나 봐요?"

"예. 이강일 대표님께서 제가 뵙는 벤처기업인으로는 다섯 번째예요."

"그러시군요."

이강일은 뭔가를 생각하는 듯 딱딱한 표정으로 고개를 끄덕였다. 진승남은 자신이 무슨 실수를 한 게 아닐까 곰곰이 생각해봤지만 떠오르는 것이 없었다. 그리고 이강일의 표정은 언제 그랬냐는 듯 풀어졌다.

"좋은 커피숍에서 봬야 하지만 꾸밈없는 모습을 보여드리는 게 나을 것 같아서 이곳에서 뵙자고 했어요."

이강일은 편한한 미소를 지으며 진승남의 맞은편에 앉았다. 그의 양손에는 종이컵에 티백을 넣은 녹차 두 잔이 들려 있었다. 진승남은 그의 모습에서 오히려 진솔함을 느낄 수 있었다.

"대학생 중에서 창업을 생각하시는 분들이 많이 찾아오시는 편이에요."

이강일은 녹차를 한 모금 마신 뒤 자신의 이야기를 풀어내기 시작했다.

이강일은 아주대학교에 2005년도에 입학했다. 지금의 메가브레인은 그가 한국 디지털 미디어 고등학교에 3학년으로 다니고 있을 때 만들어놓은 사업아이템에서부터 출발했다. 당시 한국 디지털 미디어 고등학교는 IT교육으로 특성화된 고등학교였다. 그가 고3 때 학교에서 '창업경진대회'를 열었고, 그는 메가브레인이라는 창업동아리를 설립했다. 그리고 그 대회에서 창업지원금 200만 원을 획득했다.

당시 그의 사업아이템은 'e러닝 집중력 강화 솔루션'이었다. 그것은 집중력을 높여 주는 뇌파활성화 프로그램이었는데, 지금도 유행하고 있는 집중력 향상 기기의 소프트웨어 버전이었다. 이강일은 창업경진대회의 상금으로 비즈니스모델을 특허출원했다.

하지만 그것이 바로 창업으로 이어지지는 않았다. 고3이라는 특수성 때문에 그는 수능에 집중할 수밖에 없었고, 그 덕분에 아주대학교 경영학과에 진학할 수 있었다.

대학에 진학한 그는 고등학교 때 이미 특허를 출원하고 데모 버전까지 만들어 놨기 때문에 본격적으로 창업의 뜻을 펼쳐보기로 마음먹었다. 이강일은 선배인 경영학과 학생회장에게 자신의 창업아이템을 밝혔고 함께 하자는 제안을 했다. 하지만 자본금이 턱없이 부족한 학생 신분이었기 때문에 둘은 사무실도 없이 PC방과 집을 오가며 제안서를 작성하고 인터넷 교육 사이트들을 다니면서 영업활동을 해야만 했다. 그는 인터넷 강의가 집중력이 떨어진다는 점을 부각시키면서 별도의 하드웨어 없이 집중력을 향상시킬 수 있는 뇌파 유도 소프트웨어인 알파브레인을 알리기 시작했다. 그들의 영업 대상은 인터넷 강의를 듣는 학생이 아니라, 인터넷 강의 회사였다.

하지만 처음 영업은 쉽지 않았다. 제안서를 보내고, 전화로 담당자에게 아이템을 설명한 뒤 직접 미팅이 성사되더라도 아직 검증되지 않은 프로그램을 선 뜻 거래할 회사는 없었다. 그러던 중 대기업 계열의 한 교육 사이트에서 연락이 왔다. 긍정적으로 검토하고 있으며, 만나보자는 연락이었다. 그런데 미팅 자리에서 뜻밖의 상황이 그를 당황하게 만들었다. 이강일이 처음 담당자를 만나 명함을 건넸을 때 담당자가 전혀 의외라는 듯 얼떨떨한 표정으로 그를 바라보고 있는 것이었다. 그는 순간 이제 겨우 스무살밖에 되지 않은 학생이 명함에 '대표'라는 직함을 넣어 건넸기 때문이라는 것을 알 수 있었다.

하지만 그는 그 자리에서 위축될 수 없었다. 신발 밑창이 닳도록 뛰어다니고, 시간을 쪼개 PC방에서 제안서를 만들었던 시간들을 무의미하게 만들 수가 없었다. 이강일은 차분하게 자신이 고등학교 때부터 이 아이템을 개발했으며 특허출원을 한 사실, 그리고 인터넷 강의를 들으면서 집중력을 향상시킬 수 있는 알파브레인의 장점을 설명해나갔다.

그리고 며칠 뒤에 연락이 왔다. 이메일을 통해서 가격제안을 해달라는 것이었다. 몇 번의 흥정 끝에 일시불로 예상 이상의 가격으로 거래가 이루어졌다. 그는 함께 영업을 했던 학생회장 선배와 대전에서 기술 지원을 해줬던 친구에게 일부를 나누어주고 나머지는 회사 창업비로 사용했다. 그는 소호사무실을 차린 후 다시 다른 기업을 상대로 영업을 시작했다. 그것이 주식회사 메가브레인의 시작이었다.

"스무살의 대학교 1학년생이라는 점에서 어려움은 없으셨나요?"

"처음에는 있었죠."

진승남의 물음에 이강일은 고개를 끄덕였다.

"저부터도 초등학생, 중학생이 와서 사업 제안을 하겠다고 하면 먼저 귀엽다고 웃을 거예요. 하지만 그게 다는 아니죠. 사업가들은 사업적 타당성을 따지게 되니까요. 저는 고등학교 때부터 이 아이템을 개발해온 과정을 모두 말씀드렸어요. 솔직함이 제 무기였죠. 제 이야기에 공감하신 분들은 오히려 전폭적으로 지원해 주시더라구요."

"아…… 이 대표님이 그분들 마음에 드셨던 거군요."

"예. 물론 저에 대한 호기심, 관심이 깔려 있었기 때문이기도 했지만 가장 중요한 것은 제품이 마음에 들어야 했어요. 호기심과 관심이 가서 제 얘기에 귀를 기울여 주고, 제품을 한 번 더 검토해볼 수는 있겠지만 제품이 마음에 들지 않는다면 아무런 소용이 없죠. 사업은 냉정한 거니까요."

"예."

진승남은 담담하게 말하는 그의 표정에서 자신감을 읽을 수가 있었다. 이강일의 이야기는 이어졌다.

"그렇게 알게 된 교육 사이트 사장님께서 대형 온라인 강의 업체의 사장님을 소개해 주셨어요."

"그래서 대형 온라인 강의 업체 사이트에 알파브레인이 론칭된 건가요?"

"결과적으로는 그렇죠. 하지만 앞서 말씀드렸다시피 사업은 인연만으로 되는 게 아니잖아요. 저는 그 부분에서 뇌파측정 결과, 이미 적용된 사이트에서의 결과, 특허 등등 제가 할 수 있는 모든 방법을 동원해서 저희 제품을 알려드렸죠. 그게 결과가 좋아서 결국 제휴를 맺게 되었어요. 그전에 주관적 평가인 설문, 수원대학교 체육과학연구소를 통해 사격할 때 뇌파의 변화를 통한 뇌파 실험 등 많은 준비를 했죠."

"승승장구를 하셨네요."

"실패가 없었던 건 아니에요. 2006년도 '정부R&D지원 과제'에 신청을 한 적이 있었어요. 그런데 제가 아직 재학생이라는 점과 직장 경력이 없기 때문에 1차 심사에서 떨어진 적도 있어요. 그건 제가 감수해야 할 부분이기 때문에 어쩔 수 없었죠."

"아쉽거나 억울하지 않던가요?"

"아쉬웠지만 당연한 거라 생각해요."

"당연하다뇨……?"

"사업을 하면서 지금 당장 할 수 없는 것, 지금 당장 가질 수 없는 것에 대해서 냉정하게 인정하는 자세가 없다면 안 된다고 생각해요. 물론 포기하라는 게 아니에요. 내가 부족한 부분 때문에 놓쳤다면 그것을 무슨 수를 써서든 채워야 하는데 인정하지 않는다면 그렇게 할 수 없다는 말이에요."

이강일은 담담하게 말을 이어갔다.

"저희 직원은 대부분이 아주대학교 출신들이에요. 우리 같은 벤처기업의 경우에는 우수한 사람들 모으기가 힘들어요. 우리 개발팀장님의 경우 아주대 00학번으로 석사 마지막 학기중이세요. 그분을 통해서 괜찮은 분들을 모을 수 있었어요. 하지만 개발 분야에 한정되어 있어요. 그 부분에서 저는 인정하고 싶지 않았지만 현실을 인정했어요. 아직 확고하게 자리를 잡은 회사도 아닌 상황이고, 저희 역량을 개발에 집중해야 할 상황이라는 것을 인정했죠. 아직은 마케팅까지 할 수 있는 여력이 없어요. 그래서 우리 회사는 마케팅을 제휴하고 있는 대형 온라인 강의 업체를 통해서 해요. 우리가 하는 것보다 그 쪽에서 하는 것이 훨씬 효율적일 테니까요. 대신 우린 개발의 영역을 넓혔어요. 인터넷 강의 사이트뿐만 아니라, PMP, 핸드폰에서도 저희 제품인 알파브레인을 사용할 수 있도록 만들었죠."

"PMP, 핸드폰에서 알파브레인을 사용하도록 한 것은 어땠나요?"

"통계를 보면 우리나라 고등학생들 두 명당 한 명 정도는 PMP를 가지고 있어요. 시장이 크죠. 펌웨어에 기존 탑재가 되고, 사용하려면 온라인 강의 사이트에 가서 6개월에 19000원을 주고 결제를 해야 이용할 수 있어요. 그리고 저희는 작년 9월에 휴대폰 알파브레인을 론칭했어요. SK텔레콤, KTF, LG텔레콤 세 곳에 동시에 서비스를 시작했는데, 그런 경우는 흔치 않은 일이라고 하더군요."

그의 표정에는 자부심이 비쳤다. 진승남은 그것을 놓치지 않았고, 부러움을 느꼈다. 고등학생 때부터 계획해 온 사업 아이템을 창업으로 실현한 것도 대단하지만 적절한 사업적 판단을 가지고 성공을 향해 거칠 것 없이 달려가는 이강일의 모습이 대단해 보였다.

"대단하시네요."

입에 발린 소리가 아니라 진심에서 우러나온 말이었다.

"이미 한 가지 기업이 그 분야의 대명사로 불리고 있는 상황에서 그 시장을 개척했다는 건 대단한 것 같은데요. 그게 바르 기업의 전략이었나요?"

"그렇게들 말씀하시죠. 이미 집중력 향상 하면 누구나 기존의 집중력 향상 기기를 떠올리는 상황이었으니까요. 전 다만 조금 더 소비자의 입장에서 생각했을 뿐이에요. 그게 결과적으로는 기존에 있던 기업이 쉽게 할 수 없는 길을 간 건지도 모르죠."

이강일은 고개를 끄덕였다. 진승남은 이어질 이강일의 이야기를 기다렸다. 소비자의 입장에서 생각한 것이 결과적으로 기존에 있던 기업이 쉽게 할 수 없는 길이라는 것이 무엇인지, 그 결과가 어땠는지 알아야만 했다.

기존 집중력 향상 기기가 처음 나왔을 때 그 제품은 3, 40만 원의 높은 가격이었다. 하지만 성적을 높일 수 있다는 소문에 집중력 향상 기기는 날개 돋친 듯 팔려나갔다.

그때부터 중소기업들에서 비슷한 물건들을 3, 4만 원에 내놓고 저가로 판매했는데 결국 살아남은 것은 현재 판매되고 있는 고가의 집중력 향상 기기였다. 그것은 브랜드의 가치 때문이었다. 먼저 세상에 이름을 알린 집중력향상 기기를 사용해서 효과를 본 사람들은 터무니없는 저가의 제품들에 신뢰를 주지 않았다.

이강일 역시 중학교 때 어머니가 구입해주신 집중력 향상 기기를 사용해 효과를 본 소비자였다. 그런데 그는 소리의 변화도 없고, 디자인만 바꾸는 기계, 즉 디바이스에 아쉬움을 느꼈다. 또한 만만치 않은 가격에 수능이 끝나면 막대한 물량의 중고물품이 쏟아지는 것을 눈여겨봤다. 그리고 생각했다.

만일 똑같은 소리를 낸다면 디자인은 상관없지 않을까……?

고가의 기계가 없이 소프트웨어만으로 컴퓨터에서 사용할 수 있으면 좋지 않을까?

그는 그 생각에서부터 출발해 소프트웨어만으로 기존의 집중력 향상 기기의 효과를 내는 알파브레인을 만들어낼 수 있었다. 그런데 만일 기존의 집중력 향상 기기를 사용하면서 인터넷 강의를 함께 들을 수 있었다면 현재의 메가브레인의 성공은 불가능했을지도 몰랐다. 하지만 기존의 집중력 향상 기기는 헤드폰을 끼고 듣는 인터넷 강의에 끼어들 수가 없었다. 기기 자체가 따로 헤드폰을 끼고 들어야 했기 때문이다. 게다가 소프트웨어로 접근하기 위해선 값비싸게 팔려나가는 하드웨어를 포기해야 했지만 그것이 주 수입원인 회사로서는 그것을 포기하기도 쉽지 않았다. 그런 와중에 이강일의 메가브레인은 집중력 향상 프로그램인 알파브레인을 인터넷 강의에 접목시키는 데 성공했다.

그것뿐만이 아니었다. 그들은 고등학생들의 필수품이라는 PMP까지 영역을 확대했다. 그것은 주효했다. 학생들은 디바이스의 무게 때문에 PMP와 기존의 집중력 향상기기 둘 중에 하나만을 가지고 다녀야만 했는데, PMP에 탑재되어 있는 알파브레인을 이용하게 되면서 집중력 향상 기기를 함께 가지고 다닐 필요가 없어졌다. 재빠른 판단력, 과감한 도전이 다윗과 골리앗의 싸움처럼 여겨졌던 메가브레인의 시장 진입을 성공시킨 요인이 되었다.

또한 메가브레인은 인터넷 강의와 집중력 향상 프로그램을 접목시킨 사업 모델에 대한 특허권을 갖고 있기 때문에 다른 기업체들이 이 시장에 진입하는 것을 높은 진입장벽으로 막아놓은 상태다. 결국 인터넷 강의라는 새로운 시장을 차지한 것은 한 대학내 산학협력원에 위치한 작은 회사였다.

분석하기 좋아하는 이들은 메가브레인의 성공을 소니sony가 MP3시장에서 실패한 것을 예로 들기도 한다. 한때 소니는 '워크맨'으로 대표되는 휴대용 음향기기의 대표 주자였다. 워크맨, CD 플레이어를 지나면서 소니는 MD(미니디스크)를 미래의 음악 재생 기기로 결정하고 MD에 모든 역량을 집중했다. 세계1위의 광디스크 기술을 지닌 소니는 미니디스크가 세계에서 통용될 것이라는 믿음을 갖고 있었다. 그런데 소니를 제외한 다른 경쟁사들은 반도체에 음악을 저장하는 MP3를 택했다. 결과적으로 소니의 판단은 틀린 것으로 판명이 됐지만, 소니는 곧바로 MD를 포기할 수가 없었다. 그것은 거대한 공룡과 같은 소니가 MD에서 MP3로 방향을 바꾸는 시간이 오래 걸렸기 때문이었다. 그리고 소니의 판단착오가 애플이 아이팟으로 세계 휴대용 음악기기 시장을 지배하게 된 이유가 됐다.

이처럼 회사의 운영방침을 쉽게 바꾸지 못하는 기존 업체와의 경쟁에서 재빠르게 유리한 고지를 점령한다는 것은 창업한 지 오러되지 않은 신생 기업의 최대 무기로 꼽을 수 있다.

"분석하기를 좋아하시는 분들은 저희가 시장 진입에 성공한 이유를 기존 기업이 할 수 없는 전략을 사용했기 때문이라고 말씀하시는데요…….

이강일은 조심스럽게 입을 열었다.

"저는 스피드라고 생각해요. 의사결정뿐만 아니라 제품을 출시하는 속도나 모든 것들에 있어서 발빠른 대응이죠. 벤처라는 게 그런 장점이 있잖아요. 발 빠르게 내놓고 시장의 반응을 보고 개선하고, 수정하고…… 순환 구조가 빠르죠."

"그렇겠군요."

진승남은 고개를 끄덕였다. 많은 부서와 많은 직원을 거느린 기업보다는 몇 명의 마음맞는 사람들이 함께 만들어가는 벤처기업이라면 충분히 가능하다는 생각이 들었다.

"그리고 그것들을 가능하게 해준 것은 제게 많은 조언을 아끼지 않으시는 고마우신 분들 때문이기도 하죠."

"멘토 말씀이시군요."

"맞아요. 창업을 생각하는 분들에게 멘토는 매우 중요해요."

이강일은 고개를 끄덕이며 말했다.

"경험과 노하우를 배우는 것만으로도 겪어야 하는 시행착오들을 겪지 않을 수 있기 때문이죠. 제가 외부투자를 받지 않고 회사를 운영하고 있는 것도 고마우신 분의 충고 때문이에요."

"어떤 충고였나요?"

"중소기업특별위원회와 중기청에서 2002년에 청소년 창업마인드를 키우기 위해 만든 창업교육 프로그램인 비즈쿨을 만드신 교수님께서 하셨던 말씀이에요. '창업자들에게 돈을 쥐어주면 99%가 망한다. 할 거면

창고에서 시작해라. 투자는 창업자를 거지로 만드는 일이다.' 라고 하셨
죠. 헝그리 정신을 강조하신 말이지만, 제겐 쓸데없이 덩치만 부풀리지
말고 내실을 다지라는 말로 받아들여졌어요. 그래서 제가 목표로 하고 있
는 회사도 내실 있는 알짜 회사죠."

그의 얼굴에는 미소가 번졌다.

"좋은 분들에게 적절한 도움을 받는 건 정말 운이 좋다고 할 수 있죠. 저
희 각자대표님 같은 분이요."

"각자대표님이요……?"

진승남은 궁금한 듯 이강일을 바라봤다. 각자대표라는 말은 며칠 전 창
업에 관한 책을 뒤적이다가 본 적이 있었다. 각자대표各者代表란 주식회사에
서 여러 명의 대표이사를 선정해 대표이사 각자로 하여금 회사를 대표하
게 하는 제도다. 보통의 경우 한 명의 대표가 회사를 대표하지만, 최고경
영자CEO와 별도로 해당 분야의 전문가를 새로운 대표이사로 선임하거나,
여러 명의 대표이사를 선정하는 제도를 말한다.

"제가 한 청소년 단체를 찾아갈 기회가 있었는데 지금 저희 회사 각자
대표님이 그곳의 사무총장이셨어요. 그분은 대형 IT솔루션 업체의 대표
이사를 지내셨던 분이에요. 그 회사는 기업전산망용 소프트웨어 개발회
사로 규모만 따지면 (주)한컴보다 큰 기업이었어요. 그곳에서 전문경영
인으로 대표이사를 지내셨던 분을 만나니 저로서도 많은 조언을 구하고
싶었죠. 그분께서는 어린 제가 조언을 구하려고 하니 흔쾌히 도와주셨구
요. 메가브레인이 법인등록 후 직원을 뽑고 관리를 하는 동안 많은 도움을
주셨는데, 외부에서 도와주시는 것보다는 직접 합류하시는 게 효과적일
것 같아서 함께 하시는 분이세요."

"많은 도움이 되시겠군요."

"물론이에요. 그분의 경험과 노하우는 정말 어디 가서도 구할 수 없는 거잖아요. 멘토를 만드세요."

이강일은 진승남을 바라보며 말했다.

"자기가 속한 분야, 업계에 관계된 모든 사람들이 멘토가 될 수 있어요. 멘토라고 해서 꼭 사회적인 지명도나 위치가 좋아야 할 필요는 없어요. 혼자 하겠다는 고집을 부려서는 안 돼요. 그리고 같은 학생이니까 마지막으로 한 가지만 더 말씀드릴게요."

그는 '학생'이라는 말에 힘을 주어 말했다.

"저도 학생이지만 사업에 관계된 누구 하나 제가 학생이라고 생각하고 그것에 대해 배려해주지 않아요. 물론 뭔가 제가 잘못했을 때는 '학생이니까 저러지……'라고 하며 더 질책할 수는 있겠지만요. 진승남 씨도 스스로 학생이라는 생각은 버리셨으면 좋겠어요."

"학생이라는 생각을 버린다는 게 뭔가요……?"

"청년창업에 관해 메스컴에서 몇 번 인터뷰를 한 적이 있어요. 첫 번째 질문이 모두 학생과 사업가 두 가지 삶을 살아가는 것에 대해 묻더군요. 하지만 그건 틀린 거라고 생각해요. 우리 회사의 고객들은 모두 '사업가 이강일'을 생각하지 '학생 이강일'을 염두에 두지 않아요."

"물론 그렇겠죠."

"사업은 전쟁이에요. 6 · 25때 학도병이라고 총알이 피해가진 않았잖아요. 지금도 마찬가지예요. 물론 당연히 그러시겠지만 사업에 관해서는 학생이라는 생각을 버리세요. 그게 학생으로 창업을 했던 제 경험에 비춰봤을 때 남들에게 인정받는 첫 번째라고 생각해요."

진승남은 그제야 처음 자기가 학생들이 사업하는 게 다 비슷할 거라고 말했을 때 이강일이 의아한 듯 자신을 바라보던 그 표정을 떠올렸다.

"아…… 제가 처음에 실수했군요."

"괜찮아요."

이강일은 기분 좋은 미소를 지으며 말했다.

"말씀드렸잖아요. 실수를 바로 인정하고 고칠 수 있는 것도 벤처의 특권이라고……."

그는 한마디 덧붙였다.

"창업에 성공하시면 진승남 씨의 경험담도 제게 들려주세요."

김

길

연

"투자는 회사를 현 상태에서 운영하고, 내 월급 더 많이 가져가고, 좋은 차로 사려고 받는 것이 절대 아닙니다. 기본적으로 사업은 자기 돈으로 하는게 제일 좋죠. 속편하니까요. 하지만 회사를 더 키우고, 내가 겪어보지 못한 많은 여러 가지 상황에 대해 적절한 도움을 받기위해서 투자를 받아야 합니다. 저희 엔써즈가 투자를 받은 이유는 해외에서도 팔릴 수 있는 글로벌한 제품을 만들기 위해서였습니다. 그리고 해외진출의 시기를 앞당기기 위해서였죠."

김길연 대표는 전산을 전공한 공학도로서 세상을 바꾸는데 기여할 수 있는 방법을 생각한 것이 창업의 계기였다. 2000년 대학원 동기들과 시작한 첫 회사는 높은 수준의 음성인식 기술로 주목 받으며 급성장 했지만, 기술과 실제 사례 적용 사이의 간극이라는 뜻밖의 벽을 만나 좌절 했었다. 2007년 4월 창업한 ㈜엔써즈는 회사가 보유한 고도의 동영상 핑거프린팅 기술과 온라인 영상 유통 산업의 사호적 트렌드가 정확히 맞물리며 세상의 주목을 받고 있다. 엔써즈의 기술은 이미 한국을 넘어 일본, 중국, 미국에 전해지고 있다. 세상의 모든 동영상을 검색하겠다는 김길연 대표의 꿈은 이제 시작되었다. 한국의 기술력으로 세계 최고의 인터넷 기업을 만들어 보겠다는 것이 김길연 대표의 커다란 희망이다.

Kim Kil Youn / kykim@enswer.net

투 자 는 공 짜 가 아 니 다

(주)엔써즈 김길연 대표

"언제까지 이 짓을 해야 하는지 모르겠다."

조석환은 찡그린 얼굴로 방안을 돌아보며 말했다. 바닥에 널부러져 있는 음료수병들, 담배꽁초들······. 원래 남자 둘이서 자취를 하는 방이라지만 어수선한 정도가 아니라 아예 전쟁을 치루고 난 것처럼 난장판이 되어 있었다.

"짜식들이······ 좀 치우고 갈 것이지."

그는 바닥의 쓰레기들을 치우면서 투덜거렸다.

"어쩔 수 있냐. 좁은 방안에서 여러 명이 앉아서 의논을 하다보니까 이렇게 된 걸."

진승남은 어깨를 으쓱거리며 조석환을 도와 함께 방을 치우기 시작했다. 조금 전까지 방안에는 여섯 명이 북적거리고 앉아 있었다. 모두 진승남과 조석환이 만들려는 '우수리 쿠폰'에 관심을 갖고 있는 학생들이었다.

우수리 쿠폰은 그들이 만들려는 회사의 이름이다. 우수리란 물건 값을 치르고 남은 잔돈이라는 뜻으로 보다 싼 서비스를 제공하는 쿠폰을 소비자들에게 판매하겠다는 진승남의 의견이 반영된 것이었다.

"야. 사장."

음료수병들을 치우던 조석환이 진승남을 바라보며 말했다.

"우리도 사무실 하나 마련해야 하는 거 아니냐?"

"글쎄."

진승남은 어깨를 으쓱해 보이며 말했다.

"지금 당장 사무실을 얻을 수나 있겠냐. 한두 푼 하는 것도 아닐 텐데."

"그거야 뭐…… 어쨌거나 원석이 형은 요즘 퇴직 직전까지 수도권 안에서 최소한 100개 정도 데이트 명소인 레스토랑을 섭외하겠다고 발바닥에 땀나게 뛰어다닌다더라. 그 양반이야 원래 각오를 하고 들어온 거지만, 우리는 어쩌냐."

조석환은 난처한 듯 진승남을 바라보며 말했다.

"창업하겠다고 애들은 어떻게든 꼬셔서 데리고 왔는데, 이것저것 준비하느라고 일만 시키고 아무것도 못해주니……. 하다못해 매번 만날 때마다 밥이라도 한 끼 사주고, 가끔 회식도 시켜줘야 하는데…… 우리 용돈 갖고는 턱도 없다."

"후……."

진승남은 대답 대신 긴 한숨을 내쉬었다. 사람을 모으는 것과 아이템을 구체화 시키는 것으로 창업에 한발 더 가까이 다가가고 있다 생각하고 있었는데, 정작 중요한 것을 생각하지 못한 것 같아 답답하기만 했다. 사람들을 모으면 돈이 든다. 아이템을 구체화하기 위해서 정보를 모으고, 프로그램을 만드는 과정에서도 돈이 든다.

"쉬는 날 노가다라도 뛰어야겠네……."

진승남은 고개를 주억거리며 혼잣말을 내뱉었다.

사실 한달 뒤에 있을 교내 '학생창업 아이템 경진대회'에 참가할 때까지는 딱히 돈이 생길 방법이 없기 때문에 생각해보지 않은 건 아니었다. 하지만 창업을 하겠다고 말한 지 얼마 되지도 않아서 사장이 노가다를 뛴다는 것을 함께하기로 한 후배들이 알게 되면 왠지 그럴 것 같아서 주저하고 있었다. 그렇지만 지금은 그런 것들을 신경 쓸 때가 아니라는 생각이 들었다. 그런 그에게 조석환의 푸념 섞인 음성이 들려왔다.

"우린 누가 투자 같은 거 안 해주나……. 가능성을 보고 투자를 해주면 좋을 텐데."

"……"

진승남은 쓸쓸한 듯 미소를 지어보였다. 아직 아이템이 구체화되지도 않았고, 사업적 타당성조차 검증되지 않은 상황에서 투자를 기대하는 건 도둑놈 심보가 아니냐는 김현진 대표의 말이 떠올랐기 때문이었다. 진승남은 며칠 전 그를 만나고 왔었다.

■

"투자 좋죠."

진승남이 투자에 대해 얘기를 꺼냈을 때 김현진은 바로 입맛을 다시며 말을 받았다.

"저도 누가 투자 좀 많이 해줬으면 좋겠어요. 흐흐흐."

그는 능글맞게 미소를 지으며 진승남을 바라봤다. 이제 꽤 자주 얼굴을 마주 대하다 보니 편해졌는지 김현진은 진승남을 처음보다는 스스럼없이 대하고 있었다.

"하지만 승남 씨네 우수리 쿠폰이 아직 제대로 된 회사가 된 것도 아니고 많은 서비스 업체들과 계약을 한 것도 아닌 상황에서 투자를 원하는 건 도둑놈 심보 아닌가요?"

"그건 그렇네요."

진승남은 얼굴이 화끈거리는 것을 느꼈다. 김현진 대표가 소개해 준 CEO들을 만나면서 많은 얘기를 나눴기 때문에 이제 벤처회사를 창업하는 과정에서 '투자'에 관한 부분에도 알아둬야 할 것 같아서 얘기를 꺼낸 것뿐이었는데 그의 반응은 차가웠다. 김현진은 진승남의 표정에서 그의 생각을 짐작했는지 빙그레 미소를 지었다.

"IT 벤처회사에 투자가 중요한 요소이긴 해요. 제가 레인디를 차리기 전에 알고지내는 친한 형님께서 우리나라 사업에서 성공하신 분들 모임에 저를 데리고 가신 적이 있었어요. 그 모임은 대부분 제조업, 유통업 쪽에서 성공하신 분들 모임이었어요."

"우와, 대단한 모임이었네요."

진승남은 놀라운 듯 호들갑을 떨었다. 김현진은 고개를 끄덕였다.

"대한항공 조양호 회장님, 아가방 손석효 명예회장님, 세스코 전승표 회장님…… 뭐. 이런 모임이었어요. 진짜 대단하죠. 풋내기 IT사업가가 뵐 수 있는 분들은 아니었어요."

그는 그때를 회상하듯 빙그레 미소를 지었다.

"제가 그때 그분들과 대화를 하다가 이런저런 사업을 할 건데 혹 투자 해보실 의향이 없는지 물었었어요. 그분들이 뭐라고 하셨는 줄 아세요?"

"그야…… 당연히 사업 타당성을 먼저 생각해서 거기에 대해 물어보셨겠죠."

"아니에요."

진승남의 대답에 김현진은 고개를 저었다.

"투자가 뭐냐? 라고 하시던데요."

"예에……?"

의아한 표정의 진승남에게 김현진은 재미있다는 듯 미소를 지었다.

"돈은 빌리는 거 아니냐고 하시던데요. 그분들은 제게 왜 건방지게 남의 돈으로 사업을 하려고 하느냐고 물어보시더라구요. 35년, 40년 사업을 해오신 그분들이 처음 사업을 하실 초창기에는 '투자'라는 개념이 없었을 때였어요.

작은 일에서부터 시작해서 조금씩 조금씩 자금을 만들어서 지금의 기업을 일으키신 분들이에요. 그분들 입장에서 보면 요즘 투자에 목매는 젊은 사업가들이 이상하게 보일 수도 있다는 생각이 들더라구요."

김현진은 말을 하면서 한 장의 명함을 내밀었다.

"이왕 투자에 관해 얘기가 나왔으니 이분 한번 찾아가 보세요. 도움이 될 거예요."

진승남은 그가 내민 명함을 받아들었다.

(주)엔써즈 대표이사 김길연

진승남이 김길연 대표를 만나러 찾아간 곳은 용산이었다. 인터넷에서 엔써즈를 검색했을 때 주소는 강남의 한 사무실이었는데, 막상 명함에 적인 번호로 전화를 거니 이사를 갔다는 것이었다. 사무실 건물로 찾아갔을 때 그곳은 이사한 지 얼마 되지 않았는지 직원들로 보이는 사람들이 사무실 집기들을 정리하고 있는 중이었다.

"저⋯⋯"

진승남은 한창 일하는 사람들에게 말 걸기가 어려워 쭈뼛거리다가 겨우 한숨 돌리고 있는 건장한 체격의 남자 직원 하나를 발견하고는 다가갔다.

"무슨 일이세요?"

그는 이마에 맺힌 땀을 닦고 있다가 진승남을 보고 밝게 웃음을 지어보이며 물었다. 진승남은 그의 각진 얼굴과 짙은 눈썹이 매우 강인해 보인다고 생각했다.

"김길연 대표님을 뵈러 왔는데요. 약속이 돼 있거든요."

"아⋯⋯!"

남자 직원은 눈을 크게 뜨며 진승남을 바라보며 미소를 지었다.

"전화하신 진승남 씨로군요."

"아⋯⋯! 김길연 대표님이세요?"

진승남은 눈앞에 서있는 그가 엔써즈의 대표라는 것을 바로 알아차리고 고개를 숙여 인사를 건넸다.

"진승남이라고 합니다."

"손님이 오셨는데 어수선해서 죄송합니다. 김길연입니다."

그는 진승남을 회의실로 안내했다.

■■

"정말 대단하신 것 같아요."

진승남은 부러운 듯 김길연을 바라보며 말했다. 엔써즈에 대해서 알아보기 위해 오랜 시간을 투자할 필요는 없었다. 포털 사이트에서 엔써즈라는 회사명으로 검색을 했을 때 무수히 쏟아지는 기사들은 이 회사가 얼마나 주목받는지 알 수 있었다.

엔써즈는 동영상을 분석하는 기술을 바탕으로 동영상 검색엔진인 엔써미Enswer.Me와 웹하드와 P2P사이트에서 업로드된 콘텐츠를 모니터링해서 파일의 정보를 알아내고, 저작권자와 콘텐츠 유통업계들이 자신의 저작물이 어떤 제목으로 어떻게 편집되어 어떤 곳에 유통되고 있는지를 파악할 수 있게 도와주고 나아가 콘텐츠의 가격, 제공하는 사이트 등 콘텐츠의 유통 전 과정을 관리할 수 있는 기능을 제공해 주는 토탈 솔루션인 플렛폼VPlatform-V를 만들었다. 이것은 세계적으로 인정받고 있는 엔써즈의 보유 기술인 고도의 동영상 DNA분석 기술을 바탕으로 하고 있다.

"설립하신 지 몇 년만에 큰 투자를 받았다는 기사는 봤습니다. 규모가 큰 투자를 받았다는 것은 그만큼 인정받는다는 증거잖아요. 성공하셨는데 기분이 어떠세요?"

"하하하. 성공이라뇨. 아닙니다."

김길연은 손을 내저었다.

"많이들 오해하시는데, 투자를 받았다고 부자가 되는 것도 아니고……다만 이제 걱정을 덜 할 수 있다는 게 다행인 것뿐입니다."

"걱정을 덜 하다뇨?"

"제가 한번 실패를 하고나서 다시 창업을 했는데 돈벌이를 제대로 하지 못하니까 걱정들을 많이 하셨습니다. 결혼하고 아이가 생겼을 때는 정말 걱정이 많았어요. 이제 겨우 그 걱정들을 뒤로 하고 사업에 집중할 수 있는 상황이 된 것뿐입니다."

"실패도 하셨었나요?"

진승남은 의아한 듯 물었다. 포항공대에서 학사를 마친 후 카이스트에서 석사 박사과정을 지내고 남들이 보유하지 못한 독보적인 기술력을 갖고 있는 벤처기업가로 알고 있었는데 실패를 경험해봤다는 말이 의외였기 때문이었다.

"회사를 창업하고 자리를 잡아가는 과정은 아이를 낳고 키우는 것과 같습니다. 아이가 옹알이를 하고, 뒤집기를 하고, 걸음마를 걷게 될 때까지 여러 가지 일들이 있죠. 다만 경험이라는 예방주사를 맞는다면 그 과정을 무사히 넘어갈 수는 있습니다."

"예……."

진승남은 고개를 끄덕였다. 지금까지 만나본 대표들 역시 마찬가지였음을 떠올렸다. 초창기에 자금 때문에 힘들어하고, 사람을 못 구해서 힘들어하고, 전략을 잘못 세워서 실패하고…… 그런 것들에 대한 예방주사가 경험이라는 말이 가슴에 와 닿았다.

"카이스트에서 석사과정을 마친 뒤 에스엘투라는 음성인식 회사를 차렸습니다. 대표는 아니었고, 기술 쪽을 담당하는 코파운더였습니다. 5년 정도 회사가 유지됐지만 경험 부족이라는 커다란 산을 넘지 못하고 접을 수밖에 없었습니다."

김길연은 그때를 생각하며 아쉬운 듯 이야기를 풀어냈다.

에스엘투를 접고 나서 김길연은 개인 사업을 시작했다. 내비게이션을 만들고 네비게이션으로 인터넷이 되게 해주는 일이었다. 주위에서는 이력이 화려하기 때문에 승승장구할 것이라 생각했지만 사업은 순탄치 않았다. 그는 사업을 포기하지는 않았지만 미래가 불투명한 상황에서 내비게이션 사업에 모든 것을 걸 수 없어 박사과정 공부를 함께 병행하기로 했다. 에스엘투 때 보유하게 된 음성인식 기술을 좀 더 발전시켜보고 싶었다.

그러던 중 2006년도에 유투브, 판도라 TV, 다음 UCC 등이 생겨나면서 2007년도는 바야흐로 UCC의 해가 되었다. 김길연은 그것을 보며 음성인식 기술을 영상에 접목시킬 수 없을까 고민했다. 결국 무수한 시행착오 끝에 음성인식이 아닌 영상을 분석하는 기술을 개발할 수 있었던 그는 2007년 4월에 엔써즈를 창업했다.

처음 회사를 창업했을 때는 사장 소리 듣는 것이 마냥 좋았다. 남들이 보유하지 못한 기술을 갖고 있었기 때문에 모든 것이 잘 풀릴 줄 알았는데 그렇지 않았다. 수익을 내지 못했던 것이었다. 초기자본금 5000만 원으로 시작했던 사업은 월급 주기에 급급했고 급기야 증자를 통해서 1억 원으로 자본금을 늘리면서 회사를 겨우 꾸려나갈 수 있었다. 기술개발과 회사를 운영하기 위해서 내비게이션 소프트웨어 용역일을 마다하지 않았다. 그 과정에서 김길연은 엔써즈의 기술력과 상관없는 내비게이션 소프트웨어를 영업하고 다닐 수밖에 없었다. 내비게이션 소프트웨어 사업으로 회사의 기본적인 운영을 해결하는 동안 김길연과 직원들은 동영상 검색 기술을 발전시켜 나갔다.

회사의 상황은 어려웠고, 1년 동안 단 한 푼의 월급도 가져가지 못했지만 직원들의 월급을 줄 수 있다는 것 때문에 그는 힘들지 않았다. 지금 꿈을 위해 투자하지 않는다면 앞으로 그럴 수 있는 기회가 없을지도 모른다는 생각 때문이었다. 하지만 그를 힘들게 한 것은 사업 외적인 부분에서였다. 명절 때 가족들은 아직도 돈 벌지 못하는 벤처 하냐면서 걱정을 하기 시작했다. 그렇게 가족들이 걱정을 시작했을 때가 결혼 후 아이가 생겼을 무렵이었기 때문에 그는 고민에 빠지지 않을 수 없었다. 자기의 꿈을 위해 이루기 위해서 노력한다지만, 그 꿈 때문에 가족들이 걱정하고 고생한다는 생각은 그를 흔들리게 만들기 충분했다.

그런데 창업 1년 후 다행스럽게도 투자를 받을 수 있었다. 그것은 척박한 땅에 씨앗을 뿌려놓고 가뭄이 들어 어찌할 바 모르던 농부에게 단비 같은 의미였다. 투자를 받았다는 것은 김길연과 엔써즈에 있어서 회사의 기본적인 운영을 위해 다른 일을 하지 않더라도 본업인 동영상 검색기술에 집중할 수 있다는 것을 의미했다.

"제 경우는 결혼도 하고, 아이도 있었기 때문에 더 힘들었을 수도 있습니다. 처음 창업을 했을 때는 자기 일을 한다는 재미에 어려움이 보이지 않지만 그 유효기간이 1년이었던 것 같아요. 유효기간이 지난 다음부터는 하루하루가 살얼음판을 걷는 기분이었습니다."

김길연은 그때를 떠올리는 듯 넥타이를 약간 느슨하게 고쳐 맸다.

"그동안은 아내가 맞벌이를 했었는데 제가 사업하는 사람에게 월급 2, 300만 원이 중요한 게 아니고 뒤를 봐야 한다고 큰소리만 뻥뻥 쳐놓은 상태여서 고생이 많았었죠."

"직원분들도 1년 동안은 걱정 많으셨겠네요. 월급을 가져가긴 하지만 대표가 월급을 못 가져간다는 걸 알고 있었을 테니까 말이에요."

진승남은 김길연이 아닌 그 회사의 직원들을 떠올리며 물었다. 사장은 김길연의 말대로 뒤를 보며 투자를 할 수 있는 시간이었겠지만 직원들로

서는 불안불안했을 것이라는 생각이 들었을 것이다. 작은 자취방에 모여 우수리 쿠폰의 홍보 방법과 앱 프로그램을 만든다면서 의견을 나누긴 하지만 정작 창업자라는 자신과 조석환이 빈털터리라는 사실이 불안할 멤버들을 떠올렸기 때문이었다.

"직원들이 버티려면 자그마한 성공들을 만들어가야 합니다."

김길연은 고개를 끄덕이며 말했다.

"제가 내비 소트웨어 영업을 하는 동안 직원들이 6개월 정도 개발한 동영상 검색에 관련된 제품이 팔렸었습니다. 저희 회사 자본금이 증자를 해서 1억 원이었는데, 그 소프트웨어가 7천만 원에 팔렸지요. 동영상 검색이라는 저희 회사 본업으로도 돈을 벌 수 있다는 것을 증명한 셈이죠. 그 작은 성공이 직원들에게 이 회사는 잘 될 수 있을 거라는 비전을 보여줬습니다. 그것 때문에 직원들이 흔들리지 않고 버틸 수 있었습니다."

"비전이요……?"

"이 회사가 미래에 어떤 모습으로 성공할 수 있다는 기대감이겠죠. 그것이 있으면 현재를 투자할 수 있는 용기를 줄 수 있습니다. 그것 때문에 지금까지 저희 회사에서는 자발적으로 그만둔 사람은 없습니다."

"사람들을 모으는 데도 쉽지 않으셨겠군요."

"많은 노력이 필요합니다. 대부분 좋은 직장, 안정된 직장을 다니던 사람들을 데리고 왔는데 꾸준한 설득만이 방법이었지요."

"그런데…… 제가 생각하는 김 대표님의 무기는 '기술력'이잖습니까."

진승남은 조심스럽게 운을 떼며 질문을 이어갔다.

"직원들이 들어와서 그 기술을 공유하고, 나중에 기술이 발전하면 김 대표님이 컨트롤할 수 없게 되어버릴 수도 있는데 그럼 주객이 바뀌는 상황이 벌어지지 않을까요? 중국집도 처음에는 맛있어서 사람들이 많이 찾았는데, 어느 날 맛이 바뀌는 경우가 있잖아요. 그래서 보면 그 맛있는 자장면을 만드는 주방장이 근처에 다른 중국집에 스카웃되어 가버리고, 원래 인기를 끌던 중국집은 손님이 떨어져 나가는 경우가 있더라구요."

"그런 질문을 하시는 분들도 계시더군요. 저도 처음에는 기술개발에 힘을 썼습니다. 하지만 회사의 대표가 되니 기술개발보다는 사업 쪽에 신경을 더 쓰게 될 수밖에 없습니다. 그래서 지금은 기술개발은 직원들에게 맡겨놓은 상태입니다. 하지만 전 제 직원들을 믿습니다. 세계적인 기업가 카네기가 이런 말을 했습니다. '나는 지금 미국 대통령을 알지 못하지만 누군가는 알고 있다.' 라고 말입니다. 결국 기술의 발전은 기술전문직들이 더 잘 알고 있습니다. 지금 있는 기술을 더 발전시키려면 저보다 더 뛰어난 멤버들이 필요하고, 그들과의 관계에서는 기본적으로 '신뢰'가 필요합니다. 기술이 발전해서 제가 컨트롤 할 수 없다는 것은 오히려 사업가인 저로서는 더 좋아진 것이죠."

"아……."

"엔지니어로서 기술을 갖고 있는 상태에서 창업을 한다면 투자를 받을 수 있는 환경이 우리나라에서는 만들어지고 있다고 생각합니다. 결국 언제가 될지 모르지만 자본금이 중요한 것이 아니라 '사람'이 가장 중요합니다. 그렇기 때문에 초기 팀 셋업에 투자를 많이 하라는 조언을 드리고 싶습니다. 모든 것을 혼자서 할 수 있다는 생각을 버려야지 회사가 클 수 있습니다."

김길연은 음료수를 한 모금 마신 뒤 다시 입을 열었다.

"김현진 대표가 진승남 씨가 찾아오실 테니 투자받는 부분에 대해 조언을 해줬으면 좋겠다고 말하더군요."

"그러셨군요. 사실 그게 궁금하긴 했었습니다."

"예. 하지만 투자는 회사를 현 상태에서 운영하고, 내 월급 더 많이 가져가고, 좋은 차로 사려고 받는 것이 절대 아닙니다. 기본적으로 사업은 자기 돈으로 하는 게 제일 좋죠. 속편하니까요. 하지만 회사를 더 키우고, 내가 겪어보지 못한 많은 여러 가지 상황에 대해 적절한 도움을 받기 위해서 투자를 받아야 합니다. 저희 엔써즈가 투자를 받은 이유는 해외에서도 팔릴 수 있는 글로벌한 제품을 만들기 위해서였습니다. 그리고 해외 진출의 시기를 앞당기기 위해서였죠."

"투자를 받지 않으면 해외 진출을 하지 못하나요?"

"저희가 일본에 진출하면 일본에 대한 계속적인 투자를 해야합니다. 당장 일본에서 수익을 낼 수 없을 테니까요. 그렇다면 현재 국내에서 벌어들이는 수익에서 그 투자금을 감당해야 하는데 쉬운 일은 아니죠. 물론 언젠가는 가능하게 되겠지만 그때까지 기다리면 해외 진출의 시기를 놓치고 맙니다. 그렇게 때문에 저희 엔써즈의 해외 진출이 가장 유리한 시점이 언제인지 전략적인 고려가 필요했습니다. 그래서 투자를 받았습니다."

이 말을 시작으로 김길연은 투자에 관한 자신의 생각을 꺼내놓았다.

벤처 붐일 때는 잘못된 투자에 관한 일들이 많았다. 투자도 회사가 하는 것이다. 투자자금 펀드는 운영 기간이 보통 5년이다. 하지만 대부분의 회사는 5년 만에 투자받은 투자금을 모두 회수할 수 있을 만큼 발전하거나 상장하거나 할 수 없는 것이 현실이다. 짧게는 5년, 길게는

10년을 기다려야 투자금을 회수할 수 있다. 그런데 벤처 붐일 당시 개인 투자자들은 그런 기본적인 상식조차 없는 이들이 많았다. 해마다 주주총회를 하는데, 왜 이렇게 잘 안 되느냐, 왜 적자가 나느냐고 따지기 일쑤였다. 그것은 자신이 투자를 한 회사를 도와주는 게 아니라 압박을 하는 결과를 낳았다. 결국 2, 3년 만에 자신이 투자한 돈을 내놓으라는 일들이 벌어졌다. 투자와 대출은 분명히 다른 것인데, 그들은 그것을 구분하지 않았다. 대출은 사업가가 돈을 빌려서 하는 것이고, 투자란 미래성장성을 보고 돈으로 사업에 참여하는 것이다. 그런데 잘못된 투자자들은 그런 형태를 구분하지 않고 투자뿐만 아니라 대출이라는 개념까지 계약서에 명시하고 있다. 그렇게 되면 몇 년이 지나고 투자자가 이자를 붙여서 자금을 회수할 수 있게 된다. 하지만 당장 돈이 급한 사업가들은 어쩔 수 없이 그 투자를 받아들이기도 했다. 그것은 자신의 사업 아이템이라면 어떤 상황이 되더라도 갚을 수 있을 거라는 섣부른 확신에 계약서를 꼼꼼히 살펴보지 않고 투자를 받은 경우일 것이다. 결국 그런 투자를 받은 사업가는 투자자가 제시한 시간이 지난 뒤 사업체뿐만 아니라, 개인의 삶까지 만신창이가 되곤 한다. 기본적으로 사업은 사업가 자신의 돈으로 하는 것이 가장 좋다. 하지만 갑부가 아닌 이상 개인의 돈으로 회사를 운영한다는 것은 한계가 있다. 그렇기 때문에 투자란 개인이 감당할 수 없는 기간 동안 함께 회사 운영에 동참한다는 의미다. 단지 돈만이 아니라 파트너쉽이 필요하다. 엔써즈의 경우에는 기술 쪽에 강점을 갖고 있었지만 회사 경영과 해외 진출에 관한 노하우가 부족한 상황이었다. 그렇기 때문에 투자자는 단지 돈을 대주는 것에 그치지 않고 회사 경영과 해외 진출에 관한 여러 가지 사항을 함께 고민하고 대안을 마련해 주었다.

"요즘은 인터넷만 검색해 봐도 기본 투자 계약서는 물론이고, 잘못된 투자자의 유형이라던가, 자신에게 맞는 투자가 어떤 것인지 등 모든 정보가 체계화되어 있습니다. 사업가의 경우에도 예전처럼 무조건 돈만 받는다는 생각을 버리고 투자에 대해 다시 한번 고민해 볼 필요가 있습니다."

김길연은 길게 숨을 들이마신 후 얘기를 이어갔다.

"투자를 받으면 돈이 생겼으니 좋을 거라는 생각만 하면 안 됩니다. 투자를 받으면 결국 회사 운영을 제 마음대로는 할 수 없게 됩니다. 투자자들의 기대치를 관리해줘야 합니다. 솔직히 투자를 받은 다음에 몇 년은 괜찮습니다. 하지만 투자받은 지 3년이 지나도록 결과물도 보이지 않고, 비전도 안 보이는 상태에서 회사 운영만 근근이 해나가고 있으면 갑갑해지죠. 하지만 투자를 받을 수 있을 때는 받으라고 말씀드리고 싶습니다. 아까도 말씀드렸다시피 회사를 운영한다는 것은 개인의 역량만으로는 가능하지 않습니다. 네트웍이 필요하고 다른 사람들의 도움이 필요하다면 과감하게 투자를 받아야 합니다. 다만 투자는 상호적인 겁니다. 내가 투자를 받으려면 투자해주는 사람들이 봤을 때 충분히 투자가치가 있어야 합니다. 그만큼 노력이 필요하다는 거죠."

"……"

진승남은 묵묵히 고개를 끄덕였다. 투자할 가치가 있어야 한다는 말이 가슴에 와 닿았다. 머릿속으로만 가지고 있고, 아직 눈으로 보이지도, 만져지지도 않는 아이템만을 가지고 투자 운운한다는 것 자체가 말이 되지 않았다. 김현진 대표의 말이 떠올랐다.

"사업적 타당성도 확실치 않은 상황에서 투
자 받으실 생각을 하면 도둑놈이죠."

    누군가 우수리 쿠폰 사업계획을 보고 지갑을 열 수 있게 될 만큼 뭔가
성과를 보여줘야 한다.
    그렇게 하려면 김길연 대표의 말처럼 노력이 필요하다.

부
정
혁

"'지금 할 수 있는 일을 해야한다.'고 말하고 싶어요. 저를 포함해서 요즘 창업자들에게는 간접적인 데이터가 참 많아요. 책, 성공한 기업가들의 사례 등에서 얻을 수 있죠. 그렇지만 텍스트나 주변에서 본 것과 실제로 해나가는 것은 큰 차이가 있어요. 특히 회사라는 조직은 겉으로 드러나 보이는 것은 실적이나 상품이겠지만 그 안에는 수 많은 관계와 핵심적인 시스템이 존재해요. 그것들을 차근차근 만들어가는 것이 필요하다고 저는 생각해요."

부정혁은 카이스트 출신의 오승우 박사와 함께 그래픽스 분야의 핵심인 3D의상시뮬레이션 기술을 미국의 픽사, 드림웍스와 같은 메이져회사보다 높은 세계최고수준으로 올려 놓았으며 이에 그치지 않고 인터넷 환경에서도 하이퀄리티 의상시뮬레이션이 구현될 수 있도록 가볍고 빠르게 표현하는 기술을 세계 최초로 구현하여 의류산업에 접목하고 있다. 현재 국내뿐 아니라 미국, 일본, 중국, 대만 등에 대리점을 두고 수출하고 있으며 온라인쇼핑, 게임, 가상커뮤니티 등으로 그 활용 범위를 확장 하고 있다.

Boo Jung Huk / boo@clo.co.kr

먼 곳 을 보 며 내 실 을 다 져 라

(주)클로 버추얼패션 부정혁 대표

진승남은 어머니가 내민 물잔을 받아들고 벌컥벌컥 들이켰다. 박정자는 버스정류장에서 집까지 언덕길을 올라와 땀 범벅인 아들을 보자마자 부엌으로 들어가 시원한 얼음물을 가지고 나온 참이었다. 그것은 주말이라고 집을 찾아온 아들을 보면 언제나 하는 첫 번째 행동이었지만 그것을 바라보는 진승남으로서는 가슴이 알싸해질 수밖에 없었다. 그는 몇 주째 시험과 과제를 핑계로 주말에도 학교에 남아 집으로 돌아오지 않았다. 그럴 때마다 전화로 사정 얘기를 했지만, 수화기 너머 들려오는 박정자의 한숨소리는 그의 가슴을 무겁게 짓눌렀다. 한 번쯤 무정한 자식이라며 싫은 소리를 하실 만도 했지만 그녀는 단 한 번도 그런 말을 입 밖으로 꺼내지 않았다. 그리고 몇 주만에 집에 돌아온 그에게 박정자는 언제나처럼 얼음물을 건넸다.

"이거 꿀 탔어요?"

물을 마시던 진승남은 어머니를 보며 물었다.

"많이 힘들지?"

박정자는 엷은 미소를 지어 보였다. 생활의 힘겨움을 드러내듯 깊게 패인 주름살이 더욱 선명해 보였다.

"남들 다 하는 고생이라고 생각해. 요즘 취업하기가 하늘의 별따기라더라. 아직 졸업 때까지 시간 있으니까 조급하게 생각하지 말고 주말마다 집에 와. 집에서 밥이라도 먹어야 버티지."

"예……."

"아이고. 내 정신 좀 봐. 네 동생 밖에서 저녁 먹고 온다고 해서 아버지랑 대충 된장찌개에 저녁 먹으려고 준비한 게 없네. 조금만 기다려. 슈퍼에 가서 참치캔이라도 사와서 그거 넣고 김치찌개라도 끓여야겠다."

박정자는 갑자기 저녁준비에 분주해진 듯 진승남이 건넨 물컵을 받아들고 부엌을 향해 종종걸음을 쳤다. 그때 방문이 열리면서 걸쭉한 목소리가 들려왔다.

"쯧쯧쯧. 이 여편네야. 저녁때 다 됐는데 슈퍼 갔다 오고 밥 새로 하고…… 애 굶길 셈이야?"

진승남의 아버지 진용수였다. 런닝셔츠와 츄리닝 바지 차림으로 보아 일을 마치고 돌아와 쉬고 있는 중으로 보였다.

"아버지!"

진승남은 긴장한 듯 진용수를 바라봤다. 그에게 아버지는 살뜰한 정보다는 가부장적이고 엄한 가장이라는 느낌이 강했다. 젊었을 때부터 건설 현장에서 잔뼈가 굵고 지금은 철공소에서 일을 하고 있는 진용수는 힘든 노동을 통해 자식을 대학까지 교육시키고 가정을 지탱했다는 자부심이 강한 사내였다. 아직도 힘으로는 자식들에게 지지 않는다고 말하는 그의 런닝셔츠 밖으로 드러나 있는 팔뚝은 여전히 진승남보다 두꺼워 보였다.

"나가서 삼겹살이나 먹게 준비해."

"뭐라구요?"

"귓구멍이 막혔어?"

의아해하는 박정자에게 진용수는 퉁명스럽게 말을 던졌다.

"승남이 저놈 몇 주만에 집에 왔는데 영양 보충은 시켜줘야 할 거 아냐."

그는 옷걸이에 걸려 있는 체크무늬 남방을 걸치면서 말했다. 진승남과 박정자는 얼떨떨한 표정으로 진용수를 바라봐야만 했다. 평소에 외식을 하자는 가족들에게 외식 따위는 쓸데없는 낭비라며 차라리 정육점에서 고기를 사다가 구워먹으라고 훈계를 하던 그였다. 그를 알던 둘에게는 지금 진용수의 행동은 무척이나 낯선 모습이었다.

진용수는 묵묵히 진승남에게 술잔을 내밀었다. 진승남은 두 손으로 소주잔을 받아들었다. 소주잔이 채워지고 그는 조심스럽게 고개를 옆으로 돌려 술을 입으로 털어넣었다.

"요즘은 대학 나와도 취직하기 힘들다더라."

진용수는 진승남이 다시 건네는 술잔을 받아들며 입을 열었다.

"같이 일하는 최씨 아들은 서울에 있는 대학 나왔는데, 벌써 1년을 놀고 있다더라구."

"예……."

진승남은 묵묵히 고개를 끄덕였다.

"그래서 하는 말인데……."

진용수는 술잔을 비운 뒤 담배를 꺼내 물었다.

"공무원 시험을 준비하는 게 어떻겠냐?"

"공무원 시험이요……?"

진승남은 의아한 듯 진용수를 바라봤다. 공무원 시험 준비를 하는 대학생들은 졸업학기 훨씬 전부터 시험 준비를 시작한다. 게다가 학원을 다니면서 준비하기 때문에 졸업을 얼마 남겨놓지 않을 진승남에게는 뜻밖의 제안이었다.

"공무험 시험은 오래 전부터 준비를 해야 할 텐데……."

"안다. 어차피 취직도 안 될 거 몇 년 고생한다고 생각하면 되지."

진용수는 길게 담배연기를 내뿜으며 말했다.

"그때까지는 우리 철공소에 나와서 경리일이라도 해주면서 용돈벌이하고……."

"아버지."

"이번에 경리일하는 아가씨가 결혼한다고 그만둔다고 하더라. 마침 올해 말까지는 일을 할 수 있을 것 같아서 내가 사장한테 부탁해 놨다."

"하지만 아버지……."

"들어!"

진용수의 다그치는 듯한 음성이 진승남의 말을 끊었다.

"애비가 능력이 없어서 대학 졸업한 자식까지 뒷바라지를 해줄 형편이 못돼!"

그의 표정은 단호했다.

"부모 잘못 만난 탓에 승남이 넌 이력서나 주구장창 써내면서 시간을 죽일 여유가 없어. 애비 말 들어."

"그래. 고생이야 되겠지만 공무원만 되면 먹고살 걱정은 없을 거 아냐."

박정자도 진용수의 말이 맞다는 듯 고개를 끄덕였다.

"안정적인 공무원이 좋잖아."

"후…… 아버지. 어머니. 드릴 말씀이 있어요."

진승남은 한참을 뜸을 들이다 조심스럽게 입을 열었다.

"저 취업보다는 다른 길을 생각하고 있습니다."

"다른 길이라니?"

진용수는 아들의 말에 눈살부터 찌푸렸다. 옆에 앉아 있는 박정자는 긴장한 듯 진승남을 바라봤다.

"저 사업을 해보고 싶습니다."

"사업? 무슨 사업?"

진용수는 믿기지 않는다는 듯 진승남을 노려보며 물었다.

"IT 벤처기업을 창업해 보려고 해요. 아이템도 정했고, 이제 사람들을 모으고 하나씩 준비해 나가고 있는 중이에요. 제가 어떤 사업을 하려고 하느냐면요…….”

“미친놈!”

진용수는 그 자리에서 벌떡 일어나 고함치듯 진승남의 말을 끊었다. 그 바람에 식당에 앉아 있는 모든 사람들의 시선이 그에게 쏠렸다. 이미 한 병 넘게 소주를 마신 진용수로서는 그들의 시선이 별반 신경 쓰이지 않은 듯 눈길조차 주지않고 아들을 노려봤다.

“정신 차려 이놈아. 사업은 아무나 하는 건 줄 알아? 그것도 돈 있는 집에서 도와줄 때나 하는 거야. 네가 뭐가 있어서 사업이야?”

“아버지…….”

“이노무 새끼가 없는 돈에 대학까지 보내놨더니만 허튼 바람만 잔뜩 들어서…….”

진용수는 더 이상 아들의 말을 듣지 않고 그 자리를 박차고 나가버렸다.

“……”

진승남은 불같이 화를 내고 나가버리는 아버지를 잡지 못했다. 저렇게 흥분한 상태에서 화를 내고 있을 때는 건드리지 않는 게 상책이라는 것을 어릴 때부터 알고 있었기 때문이었다.

“에휴…… 그러게 어쩌자고 그런 말을 했어?”

박정자는 답답하다는 듯 진승남을 바라봤다.

“사업…… 그거 아무나 하는 게 아냐. 너도 알고 있지? 성자 이모. 그 이모네 시골로 이사간 게 이모부가 사업하다가 잘못돼서 집안에 온통 빨간 딱지 붙고 다 날린 거잖아. 사업할 때는 사업한답시고 얼마나 속을 끓였는지…… 원."

그녀는 아들의 눈치를 보며 넋두리를 내뱉듯 말했다.

"네가 지금 취업도 안 되고 답답하니까 그런 생각하나본데 너무 걱정하지 마. 착실하게 공무원 시험 준비를 하면 분명 아버지 말 잘 들었다고 생각하게 될 거야. 자. 우리도 일어나자."

"예."

진승남은 가슴속에 커다란 돌덩이를 얹어놓은 듯 발걸음이 무거웠지만 일부러 내색하지 않고 그녀의 뒤를 따랐다.

■■

그날 밤 진승남은 뜬눈으로 밤을 지새웠다. 졸업하고 철공소에서 경리 일을 도우며 공무원 시험 준비를 하라는 진용수의 말은 아버지로서 당연할지도 모른다는 생각이 들었다. 평생 안정된 삶을 살기 위해 애써왔던 그로서는 아들이 안정된 삶을 포기하고 사업을 하겠다는 말을 받아들이기 힘들었을 것이다. 더군다나 사업이라고 하면 많은 자본금과 든든한 뒷받침이 없다면 성공할 수 없다는 것이 누구나 갖고 있는 생각일 것이기에 아무것도 없어 아들을 도와줄 수 없는 자신의 처지를 돌아보고 더욱 답답한 마음에 큰소리를 쳤을 것이다.

"하아……."

밤새 뒤척이며 잠을 자려고 애써봤지만 한숨밖에 나오지 않았다.

"승남아."

아침 일찍 학교로 돌아가겠다는 진승남에게 박정자는 조심스럽게 말을 꺼냈다.

"잘 생각해 봐. 아직 시간 있으니까…… 아버지가 말한 그 자리도 들어오겠다는 사람들이 줄을 섰어. 미적거리다간 그나마도 놓쳐."

"알겠어요."

"그리고 이거……."

박정자는 진승남의 주머니에 꼬깃꼬깃한 만 원짜리 지폐 몇 장을 찔러주었다.

"아니에요."

그는 얼굴을 붉히며 어머니의 행동을 만류했다.

"이번 달 생활비 아직 남아있는데……."

"그냥 받아둬. 에미가 이 낙에 살잖아."

"예."

진승남은 뒷머리를 긁적이며 고개를 끄덕였다.

"아버지는……?"

"나가셨다. 어디 간다고 얘기도 안 하고 나갔네. 오늘 일 가는 날도 아닌데…… 이따 도착하면 전화해."

박정자는 집에서 한참을 따라 나와 버스정류장으로 이어져 있는 언덕 길에까지 그를 배웅했다. 군대 가기 전, 제대 후 몇 년을 똑같이 반복하고 있지만 아직까지 그녀의 얼굴에는 아들을 보내는 서운함과 걱정스러움이 가시지 않았다. 진승남은 한참을 그 자리에 서서 멀어지는 아들의 뒷모습을 지켜보고 있는 어머니의 모습이 보이지 않을 때까지 몇 번이고 뒤를 돌아보며 어서 들어가라고 손짓을 해야만 했다. 그는 박정자의 시야에서 벗어나 버스정류장에 가까이 다가갔을 때 자기를 부르는 낯익은 목소리를 들었다.

"승남아."

"……!"

진승남은 버스정류장 옆에 있는 동네 구멍가게 앞 평상에 앉아있는 진용수를 발견했다. 한참을 그곳에 앉아있었던지 피우고 불똥을 털어낸 담배꽁초가 평상 위에 대여섯 가치 나란히 놓여져 있는 것을 발견하고는 그가 진승남을 기다렸다는 것을 알 수 있었다.

"애비는 다 이해한다."

한참을 망설이던 진용수는 힘겹게 입을 열었다.

"변변치 않은 살림이 답답했겠지. 남들한테 내세울 거 없는 애비 직업도 싫었을 것이고……. 하지만 애비가 살아보니까 사람은 자기 분수에 맞게 살아야 하는 거야. 사업 한답시고 허송세월 보내고, 나중에 후회하지말고 애비 말 들어."

"아버지 말씀 다 알아들었어요. 이해하지만 그런 거 아니에요."

진승남은 조심스럽게 대답했다.

"오랫동안 생각했던 건데 기회가 있어서 하려는 거예요. 걱정시켜드리지 않을게요."

"이놈아. 자식인데 어떻게 걱정을 안 해?"

진용수는 답답하다는 듯 진승남을 바라보며 말했다.

"어쨌거나 철공소 사장한테는 너 졸업식 할 때까지 말미를 달라고 할 테니 그리 알아."

그는 더 이상의 말이 필요없다는 듯 자리에서 일어났다.

"그때까지 애비를 납득시키든지, 아니면 애비가 시키는 대로 하는 거야."

"아버지……."

"엄마한테 전화 자주해. 괜히 여편네 속 끓여서 나 바가지 긁게 하지 말고."

진용수는 담배를 꺼내 물고는 느릿느릿한 걸음으로 언덕길을 올라가기 시작했다. 진승남은 묵묵히 그 뒷모습을 지켜볼 수밖에 없었다. 올해 말이 아니라 졸업식까지라면 아직 반년 정도 시간이 남아 있었다. 그 시간 동안 그 역시 스스로에게 뭔가를 보여주지 않는다면 힘이 빠질 것이라는 것을 어렴풋이 느끼고 있었다. 김길연 대표의 얘기가 떠올랐다.

"직원들이 버티려면 자그마한 성공을 만들어 가야 합니다."

그 얘기가 문득 직원들뿐만 아니라 창업자 자신에게도 해당되는 것이 아닌가 하는 생각이 머리에 스쳤다.

■■■

"아 놔…… 진짜 못 해먹겠다."

조석환은 진승남이 문을 열고 들어오자마자 푸념 섞인 음성으로 그를 대했다.

"왜? 무슨 일인데?"

"애들이 일을 안 한다."

조석환은 답답한 듯 창문을 열고 그 앞에 의자를 가져다놓고는 담배를 꺼내 물었다.

"애들이 일을 안 하다니?"

"다음 주부터 중간고사란다. 중간고사!"

그제야 진승남은 조석환이 무슨 얘기를 하는지 이해할 수 있었다. 진승남과 조석환은 이제 졸업을 목전에 두고 있는 졸업반이기도 했지만, 창업을 목표로 두고 있기 때문에 솔루션이 그들에게는 전부라고 할 수 있었다. 하지만 유원석을 제외하고 그들과 함께 이 아이템에 참여하기로 한 대부분의 멤버는 아직 학생 신분의 비중이 더 컸다.

그들에게 IT 벤처기업 우수리 쿠폰은 일종의 경험을 쌓아볼 수 있는 기회가 될 수 있었지만 미래가 어떻게 될지 모를 상황에서 그때를 준비하기 위해서 학점관리도 해야만 했다. 그렇기 때문에 중간고사가 얼마 남지 않은 시점에서 멤버들은 우수리 쿠폰의 일보다는 학점과 과제에 매달릴 수밖에 없었다. 그리고 월급조차 주지 않은 사장, 부사장은 그들의 행동에 섭섭해하고 원망은 할 수 있어도 강제적으로 명령을 내릴 수 있는 입장은 아니었다.

"진행상황은 좀 어떻게 되고 있냐?"

진승남은 화제를 돌리기 위해서 우수리 쿠폰 사업의 진행에 대해 물었다.

"뭐. 나쁘진 않다."

조석환은 어깨를 으쓱 거리며 말했다.

"원석이형은 영업은 잘 되는 것 같다더라. 그 양반 워낙 넉살이 좋아서 레스토랑 지배인들과 형님 동생 한다면서 너스레를 떨더라. 레스토랑 다음은 골프장을 뚫어보겠대. 평일 낮 시간대랑 사람들이 골프 많이 치지 않아서 파리 날리는 시간대를 공략하면 싼 가격에 이용할 수 있을 것 같다던데…….어쨌거나 네가 말한 대로 '창업 아이템 경진대회'에 신청서는 내 났다."

"잘했네."

진승남은 미소를 지으며 조석환을 바라봤다.

우수리 쿠폰에 관한 커다란 그림은 사장인 진승남이 그리고 있긴 하지만, 그 안에 들어가야 할 자세한 것들은 모두 조석환이 맡고 있는 상황이었다. 그 대신 진승남은 김현진을 통해 사업 노하우를 전수받고 있었다. 김현진은 아이템에 관해 진승남이 고민하고 시행착오를 거치는 동안 그에게 사업적인 경험과 노하우를 이야기해 줄 사람들을 계속해서 소개해 줬다. 그리고 내일도 그가 소개해 준 한 명의 IT 벤처기업 대표를 만나러 갈 것이다. 그가 내일 만날 사람은 (주)클로버츄어패션 이라는 회사의 대표이사로 부정혁이라는 사람이었다.

클로버추얼패션은 디자인 소프트웨어 개발회사로 가상의상 시뮬레이션 기술을 바탕으로 패션, 영화, 게임 분야에서 새로운 시장을 개척하고 있다. 일례로 3D기술을 패션 디자인 분야에 적응한 클로버추얼패션은 2차원 도면에서 디자인한 의상을 실시간 3D착용 모습으로 보여주는 기술을 개발해 디자인 작업 속도 및 비용을 개선할 수 있도록 하기도 했다.

■■■■■

진승남은 부정혁 대표를 만나러 가는 동안 내내 그의 모습에 대해 상상했다. 지금까지 만난 벤처기업의 대표들과 다를 것이라는 생각을 지울 수가 없었다. 그 이유는 클로버추얼패션이라는 회사가 소프트웨어 개발회사이긴 하지만 '디자인' 쪽 분야의 회사라는 점 때문이었다. 왠지 디자인이라고 하면 화려하고 남들과 다른 외모를 하고 있는 사람을 떠올리게 된다. 게다가 IT 벤처업체의 사장이라고 하니 그 모양새부터 다를 것 같았다. 진승남은 도대체 얼마나 독특하고 화려한 사람일까 하는 상상을 하며 약속된 커피숍에 앉아 그를 기다렸다.

하지만 그의 상상은 얼마 되지 않아 깨지고 말았다.

"안녕하세요. 제가 부정혁입니다."

"아…… 예."

진승남은 멍하니 눈앞에 서있는 사내를 바라보며 얼떨떨한 표정으로 고개를 끄덕였다. 말쑥하고 댄디한 세미정장 차림을 입고 있는 부드러운 인상의 부정혁은 진승남의 맞은편 의자에 앉으며 말했다.

"오래 기다리셨어요?"

"아…… 아닙니다."

진승남은 머쓱하게 자리에서 엉덩이를 들었다가 다시 붙이며 대답했다.

"IT벤처의 창업을 준비하신다고 들었는데……."

"네, 맞습니다. 저희가 지금 준비하는 서비스는 공동구매 쿠폰입니다. 미국의 그루폰을 벤치마킹하고 있습니다."

진승남은 부정혁에게 먼저 자신이 어떤 사업을 구상하고 있는지 자세한 설명을 시작했다. 이미 검증된 그루폰을 벤치마킹한다는 아이템에 대해 부정혁은 흥미로워했고, 그의 반응에 진승남은 더욱 신이 나서 설명했다.

한참 그의 얘기를 듣던 부정혁의 첫마디는 의외였다.

"그런데 그걸 꼭 사업으로 하셔야 하는 건가요?"

"예……? 그게 무슨 말씀이신지……."

진승남은 그의 물음에 얼떨떨한 듯 되물었다.

"아…… 오해는 하지 마시구요. 전 다만 진승남 씨께서 그걸 하고 싶은 정확한 이유가 있는지 그걸 여쭤보고 싶은 거예요.."

부정혁은 여전히 부드러운 미소를 지으며 진승남을 바라봤다.

"전 사업을 하겠다는 후배나 친구들이 찾아와 그 얘기를 하면 항상 그걸 첫 번째로 물어봐요. 그게 꼭 사업이 아니더라도 할 수 있는 일이라면 사업으로 하지 않아도 된다고 말을 하죠."

"그게 어떤 의미가 있는 건가요?"

"사업은 아이템 한 가지로 되는 게 아니잖아요. 사업을 하는 데 10가지 성공 요소가 존재한다면 아이템은 그중에 하나겠죠. 그런데 많은 사람들이 나머지 9개를 무시한 채 한 가지 아이템 때문에 사업을 하는 경우가 많아요. 그런데 그 한 가지 아이템이 자기가 진짜 하고 싶은 일이고, 굳이 사업으로 하지 않아도 되는 일이라면 전 그걸 사업으로 진행시키지 않았으면 좋겠다는 말을 하죠. 예를 들어보죠. 저희 회사가 디자인 소프트웨어 개발회사니까 디자인으로 예를 들게요."

부정혁은 차근차근 말을 이어갔다.

"만일 어떤 사람이 디자인에 관련된 사업을 하겠다고 생각하고 있어요. 그런데 그는 자신이 디자인이라는 행위를 좋아하는지, 디자인된 상품이 잘 팔리게 하는 것을 좋아하는지 생각하지 않았어요. 그리고 사실 그 사람은 디자인이라는 행위를 좋아하는 사람이었죠. 그런데 그가 사업을 시작하고 상품이 잘 팔리지 않는다면 그 사람은 스스로에게 실망하게 될 거예요. 안타깝게도 자기가 하고 싶어 하는 일인 디자인까지 싫어지게 되겠죠. 그 디자인을 하는 행위 자체를 좋아하는 사람은 사업보다는 자기가 자유롭게 디자인하는 곳에서 일을 하는 게 더 어울려요. 자기가 하고자 하는 일이 정확하게 무엇인지 확인하고, 하고자 하는 일을 해야만 지치지 않는 법이거든요.”

“아……”

진승남은 그제야 이해한 듯 고개를 끄덕였다.

“승남 씨께서도 우수리 쿠폰이라는 회사를 만들어서 돈을 벌고 사업을 하는 것을 원하는 것이라면 사업으로 진행시켜야겠지만, 그걸 통해서 사람들에게 싼 서비스를 소개해 주는 데서 보람을 느낀다면 사업이라는 형태가 아니더라도 여러 가지 방법이 있을 거라고 얘기하고 싶어요.”

부정혁은 빙그레 미소를 지었다.

“젊고 경험 없는 창업자들은 그런 것들을 놓치는 경우가 많더라구요. 초창기 창업을 할 때는 내가 갖고 있는 것을 아는 것도 중요하지만 내가 부족한 부분을 파악하는 것도 굉장히 중요해요. 좀전에 말씀드렸다시피 아이템이 너무 좋다 하더라도 그건 10가지 성공 요소들 중 하나밖에 되지 않아요. 나머지 9가지를 채우지 못하는 한 결코 성공할 수 없죠.”

“그건 이해했습니다.”

"보통 영화나 드라마에서 이런 사람들 있잖아요. '저 돈 안 받아도 좋으니까 여기서 일 좀 하게 해주십시오!' 라고 무릎 꿇는 사람들이요."

"네. 있죠."

진승남은 맞장구를 쳤다. 부정혁이 무슨 말을 할지 몰랐지만, 미니시리즈 같은 TV 프로에서 그런 사람이 나오는 장면에서 우습다는 생각을 한 적이 있었다. 얼마나 받아주는 곳이 없으면 자신의 노동력을 아무런 대가도 없이 제공하겠다고 할까……. 이런 생각이 든 적도 있었다.

"전 그런 사람들 대단하다고 생각해요."

"예에?"

진승남의 눈이 동그래졌다.

"어째서요?"

"성공하는 데 가장 필요한 부분은 자신이 부족한 것이 무엇인지, 무엇을 채워야 하는지 아는 것이라고 생각해요. 만일 창업을 할 때 모자란 것이 경험이라고 가정해보죠. 당신이 사업에 뛰어들면 그것을 경험하는 데 비용이 1억에, 시행착오를 겪는 시간이 1년이라면 돈도 1억 원, 시간도 1년……. 하지만 그것을 잘하는 사람이나 조직에서 그 일을 해나가면 돈 1억 원이라는 수업료를 내는 것이 아니라 운좋으면 급여까지 받으면서 충분히 자기가 원하는 것을 배울 수 있겠죠. 그럼 1억이라는 기회비용을 아낄 수가 있잖아요. 그런 면에서 보면 돈 안 받아도 좋으니까 일 좀 하게 해주십시오라고 하는 사람이 대단한 거죠. 그런 식으로 부족한 것을 찾아내서 채워가려는 노력이 필요해요. 그러려면 자신이 부족한 것이 뭔지 계속해서 고민해 봐야겠죠."

"그렇군요."

진승남은 다시 한번 고개를 끄덕였다. 부정혁은 다시 한번 진승남을 바라보며 물었다.

"자. 부족한 것을 찾아내는 것은 제 첫 질문에 대답을 하신 다음에 천천히 생각하셔도 될 문제예요. 첫 번째 질문에 대한 진승남 씨의 생각은 어떠신가요?"

첫 번째 질문. 우수리 쿠폰을 꼭 사업으로 해야 하는가.

"전 창업을 해야겠습니다."

진승남은 단호한 표정을 지으며 부정혁을 바라보며 대답했다.

"전 오래전부터 창업을 생각하고 있었어요. 부족하고 현실적인 여건 때문에 포기하려고 했지만, 결국 창업을 마음먹었습니다. 성공의 요건 10가지 중 아이템이 그 한 가지고, 그 아이템 때문에 창업을 결심한 것은 아니었어요. 전 창업을 하고 싶고, 그래서 찾아낸 아이템이 그루폰인 거죠. 미국에서 성공한 사업이 그대로 한국에서 정착할 수는 없을 거예요. 문화도 다르고, 소비 패턴도 다를 테니까요. 전 그걸 한국적으로 적용시켜 성공하고 싶은 겁니다."

"그렇군요."

부정혁은 고개를 끄덕이며 말했다.

"그럼 첫 번째 '확신'을 잃어버리지 마세요."

"무엇에 대한 확신을 말씀하시는 건가요?"

"성공할 수 있다는 확신이겠죠. 제가 지금 회사를 운영하고 있는 바탕은 세 번의 실패를 경험하고서 그 확신을 잃어버리지 않았기 때문이에요."

"실패…… 하신 경험이 있으시군요?"

진승남은 조심스럽게 물었다.

"예."

부정혁은 담담하게 고개를 끄덕이며 자신의 이야기를 꺼내놓았다.

부정혁의 첫 번째 창업은 카이스트 창업 동아리를 통해서였다. 그 당시 역시 IT 벤처회사로 세대를 따지자면 IT 벤처 1세대인 셈이었다. 그 회사는 창업경진대회 대상을 수상하면서 사업화한 회사로 인터넷 한글주소를 서비스하는 회사였다. 지금 돌이켜보면 인터넷 한글주소 서비스라는 소비자들에게 생소한 분야이기도 했지만, 첫 번째 실패의 가장 큰 원인은 조직의 붕괴였다. 회사 구성원들 간의 관계를 원만하게 만들지 못했던 것이 가장 큰 원인이었다.

두 번째 창업은 투자를 받아 이루어졌다. 투자자는 건설업계에 종사하던 사람이었는데, 당시 사회적 분위기로 IT업계에 대한 오해와 환상을 갖고 있었다. 돈을 투자하면 곧바로 IT 벤처기업이 황금알을 낳는 거위라고 생각하는 사람이었다. 업종은 내비게이션의 지도를 만드는 일이었다. 사업을 진행하면 제품을 만들기 전에 준비하는 과정과 만드는 과정으로 나뉘는데 투자자는 그 과정에서 수익이 나지 않는다는 것을 받아들이지 못했다. 그는 회사원들을 닦달하기 시작했고, 그 과정에서 조직원들이 회사를 떠나게 되었다. 하지만 부정혁은 투자자나 조직을 떠난 회사원들에게서 실패의 원인을 찾지 않았다. 그가 내린 결론은 투자자나 조직원들에게 미래에 대한 비전을 제시하지 못한 자신에게 있다고 생각했다.

세 번째 창업은 모바일 업체였다. 모바일 게임회사를 만드는 업체였는데 회사 운영 자체는 문제가 없었다. 두 번의 실패 과정을 겪으면서 얻은 경험이 큰 몫을 해냈다. 7년여를 운영하면서 통신사와의 종속 관계의 틀을 깰 수는 없었지만 수익을 얻어내고 운영에는 문제가 없었다. 하지만 시장의 흐름을 읽지 못했다. 모바일 업계의 몰락은 그가 컨트롤 할 수 있는 문제가 아니었고, 결국 M&A를 해야 할 시점에서 그렇게 하지 못했다. 그때도 부정혁은 미래를 준비하지 못한 자신에게서 실패의 원인을 찾으려고 애썼다. 그때 당시 그는 회사를 접었지만 법인을 폐업하지는 못했다. 폐업 역시 나름 복잡한 과정을 거쳐야 했는데, 실패의 후유증 때문에 거기에 신경 쓸 여력을 갖지 못했었다. 그는 결국 사업의 꿈을 접고 취업을 결심했다.

　　회사에 취직하고 나니 처음에는 새로운 세상이었다. 회사를 운영할 때처럼 많은 것을 고민하지 않아도 됐고 책임지지 않아도 된다는 것이 그에게는 너무나 큰 자유로움이었다. 하지만 시간이 지나면서 그는 마치 자신이 죽어있는 것 같다는 생각을 떨쳐버릴 수가 없었다. 단지 직장생활을 한다는 것 때문에 그런 생각을 가진 것은 절대 아니었다. 다만 자기가 실패 때문에 물러서야 했다는 사실이 그를 괴롭혔다.

　　그런데 일을 하다보니 그 '산업'이 눈에 들어오기 시작했다. 그것은 모바일 업체를 정리하는 과정에서 자신이 그 산업 전반의 대세를 읽지 못했다는 것 때문에 실패했던 경험 덕분이기도 했다. 산업이 보이니 자기가 월급을 받고 있는 회사의 미래를 예상할 수가 있었다. 지극히 비관적이지 않더라도 비전이 없는 회사라는 생각이 들어 그는 과감히 회사를 뛰쳐나왔다.

　　회사를 뛰쳐나와 오랫동안 계획만으로 끝났던 여행을 떠날 수 있었다. 그는 외국의 이곳저곳을 돌아다녔는데, 그곳에서 그는 관광이 아니라 그곳에 정착해 살고 있는 한국인들을 만나러 다녔다. 사람에 대해 알지 못해 겪어야 했던 실패의 경험이 그에게 어쩔 수 없이 관광보다는 사람들을 살펴보게 만들었고, 그 과정에서 그는 다시 한번 사업을 해보겠다는 결심을 다질 수 있었다. 그는 한국으로 돌아오면서 결심했다.

다시 한번 해보자.

"우리나라에서 실패를 경험해 본 창업자에게 가장 큰 걸림돌은 경제적인 부분뿐만 아니라 자기 경력과 사회적 위치에 관한 부분이에요."

부정혁은 차분하게 말을 이어갔다.

"실패한 경험의 가치를 인정하지 않고 사업이라는 시도 자체에 대단히 비판적이에요. '저 녀석 아직도 정신 못차리고 또 창업하네.' 라던가 '실패할 줄 알았어. 우리나라에선 돈 있고 빽 있고 뭔가 특별하지 않으면 성공할 수가 없어.' 라는 식으로 생각하는 게 대부분이죠."

"그건 그런 것 같더군요."

진승남은 쓴웃음을 삼켰다. 아버지인 진용수의 말이 떠올랐기 때문이었다.

정신 차려 이놈아. 사업은 아무나 하는 건 줄 알아? 그것도 돈 있는 집에서 도와줄 때나 하는 거야. 네가 뭐가 있어서 사업이야?

"그런 주변의 비판적 시각을 뚫고 확신의 에너지를 얻어내는 것은 생각보다 스스로에게 매우 어려운 일이에요. 그런 던에서 외국에서 자리를 잡고 생활하고 있는 한국인들을 만난 것이 제게 많은 도움이 됐죠. 왜 못 해?(Why not?) 이라고 하는 말을 들었을 때 너무나 감사했어요. 우리나라는 가족들, 친구들, 동료들 모두 같은 방향으로 혹은 더 빠른 속도로 인생 진도를 나가지 않으면 매우 불안해하고 비판받을 수 있는 문화인데 말이죠."

"……"

"한국으로 돌아온 뒤 무조건 많은 이들을 찾아다녔어요. 제가 사람들의 관계 즉 회사라는 시스템을 만드는 것에 익숙지 않았고, 직원들에게 비전을 심어주지 못했고, 시장의 흐름을 읽지 못한 것은 경험이 부족했기 때문이라는 결론이었거든요. 하지만 그때는 제가 성공할 수 있다는 확신을 갖고 있었어요. 그 확신에 대한 검증을 사람들을 만나 이야기하면서 스스로 해나가는 거였죠."

부정혁은 직장생활을 할 때보다 더 많은 이들을 만나러 다녔다. 자신의 부족한 경험을 채워준다는 것을 목적으로 하곤 있었지만 여러 분야의 사람들을 만나 사업 얘기를 한다는 것 자체가 너무나 즐거웠기 때문이기도 했다. 결국 만나는 이들 모두가 그에게 멘토가 되어준 셈이었다.

그리고 그는 그 과정에서 많은 이들을 서로 연결해 주었다. 막상 자신이 필요한 부분이 아니었지만 얘기를 들어보고 고민해 보면, 자기가 알고 있는 누군가와 연결해 준다면 그 문제를 해결하고 좋은 결과를 낳을 수 있다는 것이 보이기 시작했다. 그리고 그런 경험들이 그에게 많은 도움을 주게 되었다. 세상이 바뀌었고 예전에 성공한 이들이 사업을 했을 때와 환경이 다르다고 해서 그들의 경험이 무시될 수 없다는 것을 깨달았다. 그들에게서 그는 사업의 지혜와 성공의 원칙을 배울 수 있었다. 반면에 그는 어떠한 멘토도 자신의 상황을 자기보다 더 잘 이해하고 책임져 줄 수 없다는 것을 깨달아갈 수 있었다. 많은 이들과의 만남 속에서 부정혁은 경험뿐만 아니라 사람과 아이템도 얻을 수 있었다. 그리고 그는 마지막이라고 생각하는 창업 클로CLO를 현실화 했다.

회사를 만드는 과정에서 그의 실패경험은 많은 도움이 됐다. 투자 없이 주주들의 출자금만으로 회사를 차리고 나머지는 정부지원금으로 채웠다. 정부지원금을 받기 위해서는 많은 내부적 준비뿐만 아니라 행정적 준비도 필요한데 그는 그 지루한 과정을 모두 마친 상태에서 법인등록을 했다.

"창업시 스텝별 자금 확보 방안을 볼 때 우리나라에서는 초기 단계의 엔젤투자가 거의 이루어지지 않고 있어요. 벤처커피탈 등 투자자금이 환경상, 제도상 초기 기업의 성공 가능성을 보고 투자하지 않는다는 거죠."

"그렇겠죠."

"하지만 실망할 필요는 없어요. 우리나라는 정부 창업 지원 사업이나 연구개발지원금 사업 등이 그 역할을 대신하고 있어요. 기업이 개발한 연구개발 내용을 분야 전문가들에게 어필하고, 선정이 되면 수행할 계획에 들어가는 비용 중 6, 70% 정도를 보조받아요. 전 초기 창업가들에게 그것들을 적극 활용하라고 충고해 주죠."

"6, 70%면 엄청난 도움이 되겠군요."

진승남은 마른 침을 삼키며 고개를 끄덕였다.

"이 제도는 자금 지원뿐만 아니에요. 사업 수행기관들끼리의 네트워크, 전문위원들의 자문, 성공 시에는 사업화 연계 등을 할 수 있어요."

"바이미닷컴의 서정민 대표님도 그 말씀을 하셨어요."

"맞아요. 서정민 대표도 도움을 많이 받았다고 하더라구요."

부정혁은 고개를 끄덕였다.

"자문단에게 사업을 진행하는 동안 1년에 여섯 번부터 열 번까지 자문을 받을 수 있어요. 우리는 나라에서 제공한 쿠폰을 그들에게 자문료로 지불하죠. 그분들은 그 쿠폰을 돈으로 바꾸죠. 자문을 받기 위해 모임에 나가게 되면 자문단뿐만 아니라 전년도에 혜택을 받은 기업도 커뮤니티를 이루고 있어요. 정부는 그 커뮤티니를 만들어주는 단계까지 도움을 주죠. 나머지는 기업인의 몫이에요. 그곳에서 사업에 도움을 받기도 하고, 멘토를 구할 수도 있죠. 저희는 지식경제부의 정보통신성장기술지원, 중소기업청의 기술혁신 개발지원, 한국콘텐츠진흥원의 가상현실콘텐츠지원 등을 받고 있어요."

"창업을 하기로 마음먹고 사람들을 구하고, 아이템을 구체화하는 데서 멈추지 않고 자금지원을 받을 준비까지 하시려면 무척이나 준비기간이 길었겠네요."

"길었다고는 하지만 필요한 거였어요."

부정혁은 단호하게 말했다.

"산에 가보셨죠?"

"산이요? 물론 가봤죠."

진승남은 의아한 듯 대답했다.

"성공은 산봉우리와 같아요. 굉장히 크고 높기 때문에 아주 멀리서도 잘 보이죠. 하지만 막상 그곳을 향해 가보면 무척 먼 길이라는 것을 깨닫게 되요. 요즘 창업하는 후배들은 너무 성급해요. 빨리 영역을 넓히려고 하고, 빨리 기회를 잡으려고 해요. 왜냐하면 성공이 보이거든요. 하지만 멀리 있는 산봉우리를 가야 하는데 가깝다고 생각하고 물 한 통 없이 길을 나서는 것과 마찬가지의 오류를 저지르기 쉬워요. 저 역시 마찬가지였구요. 모든 기둥을 제대로 세우지 않고 몇 개의 기둥간으로 성공이라는 집을 지을 수는 없어요. 사전에 하고자 하는 성공의 규모에 따라 박아야 할 기둥의 수가 다르기 때문에 그것부터 제대로 파악하고 한걸음 한걸음 나아가야 하는 노력을 등한시해서는 절대 안 돼요."

"그렇군요."

"그런 의미에서 전 '지금 할 수 있는 일을 해야 한다.'고 말하고 싶어요. 저를 포함해서 요즘 창업자들에게는 간접적인 데이터가 참 많아요. 책, 성공한 기업가들의 사례 등에서 얻을 수 있죠. 그렇지만 텍스트나 주변에서 본 것과 실제로 해나가는 것은 큰 차이가 있어요. 특히 회사라는 조직은 겉으로 드러나 보이는 것은 실적이나 상품이겠지만 그 안에는 수많은 관계와 핵심적인 시스템이 존재해요. 그것들을 차근차근 만들어가는 것이 필요하다고 저는 생각해요."

부정혁은 차근차근이라는 단어에다 힘을 주어 말했다.

"의욕적이고 대단한 친구들을 많이 봤지만 눈에 보이는 것이 매우 의욕적인 반면에 드러나지 않는 부분에서 제대로 준비를 하지 못해 더 이상 성장하지 못하는 경우를 많이 봐왔어요. 상품이 전부가 아니고, 영업이 전부가 아니라는 말이지요. 그것을 제대로 발전시켜 나갈 수 있는 시스템, 구성원들이 행복하게 해 나갈 수 있는 조직문화, 행정적으로 뒷받침될 수 있는 규칙이나 시스템 등 할 일이 너무나도 많더라는 거죠."

"그럼 대표님께서는 그런 시스템을 만드셨나요?"

"만들고 싶죠."

부정혁은 어깨를 으쓱하며 말했다.

"제가 만들고 싶은 건 두 가지예요. 직원들이 일 하기 좋은 회사와 행복한 회사. 이 두 가지를 만들고 싶어요."

그는 자신이 갖고 있는 생각대로 만들어진 회사를 상상하는 듯 엷은 미소를 짓고 있었다.

클로CLO버추얼패션에는 직급이 없이 직책만 존재하고 있다. 직책은 주로 프로젝트에 따라서 '팀장'으로 직책이 만들어지고 있다. 그것은 부정혁이 직원들이 '역할에 대한 정체성'을 갖길 원하기 때문이다. 자신이 회사에서 중요한 일을 하고 있고, 꼭 필요한 사람이라는 생각을 갖고 일을 한다면 직원은 발전할 것이다. 그리고 직원이 발전하면 회사 역시 발전할 것이다.

이것이 부정혁의 생각이다.

그리고 이때 가장 중요한 것은 '사람은 누구나 자신이 발전하기를 원하며, 자신의 역할이 중요하길 바라고, 하는 일에서 보람을 느끼고 싫어 한다.'는 것이다. 구성원들은 스스로 누구나 회사에 중요한 역할을 할 수 있는 업무를 설계하고자 하고 자기가 발전해서 더 중요한 업무를 할 수 있기를 바란다.

부정혁은 직원들이 업무를 설계하도록 권장한다.

그는 그 과정에서 직원들 스스로가 자신의 역량을 깨닫기를 바란다. 그것은 타인이 알려주는 것이 아니라, 스스로 업무를 설계하는 과정에서 여러번의 시행착오를 거쳐 알게 되는데 그래야만 가능한 만큼의 계획을 잡고 그 계획을 성공시키는 것에 익숙해지기 때문이다. 부정혁은 이부분이야말로 스스로 계획에 대한 '성공하는 습관'이며 회사 구성원들이 가장 가치 있게 배워나갈 수 있는 부분이라고 강조한다. 그는 '현재 회사도, 직원도 세계 최고가 아니다.' 라는 것을 인정한다. 그 때문에 그는 직원들이 스스로를 발전시킬 수 있는 토양을 만들고 싶어 한다. 직급이 없이 직책만 존재하는 것부터 시작해서 칼출근, 칼퇴근을 강조한다. 그것은 1, 2년 직원들이 가진 능력을 뽑아내서 수익으로 연결시키는 것이 아니라 직원이 커지는 만큼 회사도 커질 수 있도록 주어진 시간 동안 업무에 최대한 집중하고 나머지 시간은 휴식이나 자기발전에 투자할 수 있는 시간을 부여하는 것이다. 직원과 회사가 함께 윈윈할 수 있는 회사. 그것이 클로가 지향하는 직원들이 일하기 좋은 회사를 만드는 첫 걸음이라고 생각하기 때문이다.

"그렇다면 행복한 회사는 어떤 건가요?"
진승남이 물었다.
"음…… 그건 좀 더 근원적인 답변이 필요할 것 같네요."

부정혁은 고개를 주억거리며 생각에 잠겼다가 입을 열었다.

"제가 예를 들어서 회사를 만들었는데 직원 10명을 뽑아서 운영한다고 생각해보죠. 직원들 박봉에 맨날 밤 12시시까지 일하고, 주말에도 일하고…… 해서 회사가 제대로 돌아가서 월급을 제때제때 준다면 과연 직원들이 행복할까요? 맨날 늦게까지 일하고, 박봉이기 때문에 자기가 받을 만큼밖에 못 받고, 스트레스 받고, 거기다가 상사한테 깨지고 여직원들의 경우는 화장실가서 울고 오고…… 이런 모습들이라면 어떨까요? 그렇게 해서 회사를 발전시켜서 만 명의 직원이 있는 회사로 커진다면…….."

그는 잠시 말을 멈추고 진승남을 똑바로 응시하며 말했다.

"제가 사회적으로 기여한 것일까요? 전 그렇게 생각하지 않아요. 전 다만 만 명의 불행한 사람들을 만들어 놓은 것이라고 생각하거든요."

"아…… 예."

진승남은 그가 말하는 불행한 사람들을 만들어내는 그 회사가 진승남이 알고 있기로는 보통의 회사가 아닐까 하는 생각과 함께 알 듯 모를 듯 부정혁의 이야기에 빠져들었다.

"아직도 노동자가 희생하고 기업이 돈을 버는 시스템의 회사들이 많이 있어요. 사람들을 쥐어짜서 일을 시키는 것을 기준으로 삼아서는 정상적인 부가가치가 아니에요. 8시간 남들처럼 편안하게 일하고, 나머지 시간에 자기개발, 여가시간, 가족들과의 관계를 갖게 하면서 많이는 못주더라도 적당한 급여를 줄수 있어야 하고 그렇게 해서 생산성이 돌아가야 그 회사가 의미가 있어요."

"회사의 의미……."

"제 꿈은 성공한 기업가이기도 하지만 엄청 행복한 회사를 만드는 거예요."

부정혁은 빙그레 웃었다.

"그런 의미에서 저는 '기업가정신'이 중요하다고 생각해요."

"기업가정신이요?"

"사업에 대한 철학이죠. 안타깝게도 우리나라 기업 중에는 그런 철학을 가진 기업이 많지 않은 듯해요. 바른 기업을 만들기보다는 큰 기업, 돈 많이 버는 기업을 만들도록 강요되어 온 산업화의 결과라고 생각해요. 그런 면에서 봤을 때 벤처기업도 마찬가지죠. 그런데 기업가정신, 사업에 대한 철학이 없다면 어느 정도는 성공할 수 있겠지만 그 성공을 지속할 수 없어요. 사회적인 명분도 없고, 단순히 돈을 벌겠다는 생각으로 회사를 키우면 회사가 커졌을 때 그것을 유지할 에너지가 없는 상황에 빠져버리는 거죠. 그리고 무너지는 거예요. 튼튼한 중소기업이 어느 정도 돈을 벌고, 상장까지 한 다음에 무너지는 경우를 저는 그런 이유라고 봐요."

"세계적으로 오래된 기업들을 보면 역사, 철학의 깊이가 있어요. 그래서 창업을 할 때 자기 목표치를 확실히 봐야 해요."

부정혁은 양손을 테이블 위에 올려놓으며 말했다.

"이 손을 시작점이라고 보고, 이 손을 자기 목표치라고 보죠."

그는 테이블 끝의 왼손을 시작점으로, 테이블 중간의 오른손을 목표치로 놓고 설명을 이어갔다.

"돈만 벌고 개인의 부를 축적할 회사라는 목표라면 처음 시작부터 거기에 맞는 준비를 하면 돼요. 하지만 내가 목표한 회사가 더 큰 가치, 즉 성공한 사회적 가치가 있는 기업을 만들고 싶다면…….”

그는 목표치의 오른손을 반대편 테이블 끝에 놓았다.

“저기까지 갈 준비를 해야 하는 거죠. 이만큼의 회사를 만들고 싶으면 이만큼 발전했을 때도 유지될 수 있는 그런 시스템을 준비해야 한다는 말이에요. 하지만 어느 날 캐치프레이즈를 만들 듯 ‘난 이런 회사를 만들 거야.’ 라고 해서 나오는 게 아니듯 회사의 대표는 항상 그것에 대해 고민하고 생각해야 한다고 저는 생각해요.”

“대단하시군요.”

“아니에요.”

부정혁은 고개를 저었다.

“세상에는 저보다 능력 있고 저보다 경험 많고 저보다 성공한 분들이 정말 많이 있어요. 그렇지만 세상에는 나보다 더 소중한 가치 있는 회사를 만들 사람이 없다고 생각해 나가면서 사업을 하려고 노력하는 거죠. 제 스스로의 다짐이에요. 이건 우리 회사의 구성원들을 모두 소중하게 생각하게 하고 현재 하고 있는 일을 가치 있게 해주며 때론 어려운 결정에 기준이 되기도 하거든요. 그래서 제 스스로도 즐겁고 행복한 일을 하도록 해주는 것 같아요. 전 앞으로도 계속 회사를 구성원들이 모두 즐거움을 느끼는 곳으로 만들어가고 싶어요. 제 궁극적인 목표죠. 만약 제 회사 구성원들이 어느 순간 행복하지 않다고 느낀다면 성공 여부를 떠나 제가 회사를 창업함으로 인해 누군가가 행복해지지 않게 되는 것일 테니까요.”

그는 그 말을 끝으로 진승남과의 만남을 마무리했다.

“후유…….”

진승남은 혼자 커피숍에 앉아서 길게 숨을 내쉬었다.

과연 내가 생각하는 우수리 쿠폰의 목표치는 어디일까……?

나와 함께 일하는 조석환과 유원석, 그리고 후배들은 이 일을 얼마나 가치 있는 일이라고 생각하며 일을 하고 있는 걸까……?

천안으로 돌아가는 내내 진승남은 생각에 잠겨 있었다.

표
철
민

"전 사업에서 가장 중요한게 사람도 아니고, 아이템도 아니고, 돈도 아니라고 생각해요. 바로 사장이죠. 사장의 생각이 똑바로 박혀있고, 직원들에게 꿈을 심어줄 수 있는 사람이라면 아이템도, 사람도, 돈도 어디서든지 구할 수 있어요. 꿈을 줄 수 있는 사장만이 좋은 사람들을 모을 수 있고, 좋은 꿈을 갖고 있는 사장이 좋은 아이템을 찾아내고, 좋은 꿈을 갖고 있는 사장에게 돈을 투자해요. 좋은 사람이 없는 곳에 돈을 투자할리 없고, 좋은 아이템이 없는데 좋은 사람들이 모일리 없잖아요. 돈, 사람, 아이템을 연결시켜주는 것은 바로 사장의 꿈이예요."

표철민 대표는 위젯 및 스마트폰 서비스 전문업체 ㈜위자드웍스와 소셜게임 개발사 ㈜루비콘게임즈의 대표이사로 현재 연세대학교에서 신문방송학을 전공하고 있다. 지난 2006년 국내에 위젯을 처음으로 소개한 이래 일개 기술 용어에 불과하던 위젯을 모바일-웹 융합 시대의 핵심 정보 전달 매체로 발전시켰다. 위자드웍스는 2010년 현재 하루 3,000만개의 위젯을 월 1,500만 유저에게 제공하는 아시아 1등 위젯 업체로, 네이버, 다음 블로그 사이드바에 설치된 대부분의 위젯이 이 회사의 작품이다. 2009년 美 BusinessWeek는 아시아 위젯 시장 개척 공로로 표 대표를 「아시아를 대표하는 젊은 기업가 25인」에 최연소로 선정했다.

Pyo Chul Min / pyo@wzd.com / @charlespyo

"두 명이 그만둔단다."

조석환은 찹찹한 표정으로 입을 열었다.

"아이템이 있고, 할 열정이 있는데 판 짜기는 더럽게 어렵네. 회사 차리는 게 장난이 아냐."

"……"

진승남은 묵묵히 고개를 끄덕였다. 이제 창업 아이템 경진대회에 참가 신청도 해놓은 마당에 내부적으로 관리가 되지 않으니 답답할 뿐이었다.

"하아…… 생각을 다시 해 봐야 하는 거 아닌지 모르겠다."

조석환은 긴 한숨과 함께 담배를 꺼내 물고 창가로 자리를 옮겼다.

"사람들 몇 명 데리고 하는 게 이렇게 어려운 줄 알았다면 차라리 1인 창업이 더 속편했을지도 모르겠다. 망해도 나 혼자 망하는 거 아니냐."

그는 넋두리처럼 가슴에 있는 말을 꺼내 놨다.

"야."

진승남의 목소리가 높아졌다. 화를 내는 게 아니라, 답답함을 하소연하는 것같이 들렸다.

"너까지 그러면 어떻게 해? 네 말대로 아이템도 정해졌고 사람들도 모였잖아. 우선 나랑, 너 그리고 원석이형은 확실하잖아. 그럼 되는 거 아니냐?"

그는 얼굴까지 벌겋게 상기된 채 말을 이었다.

"여기서 포기하면 아무것도 안 된다는 거 너도 알잖아."

"알아! 아니까 더 그러는 거 아니냐."

조석환은 답답하다는 듯 말을 내뱉었다.

"하아……."

진승남은 아무런 말도 하지 않고 긴 한숨을 내쉬었다. 조석환의 말대로 아이템도 정해졌고, 열정도 있고, 자신도 있었다. 하지만 정작 회사를 구체화는 게 이렇게 어려울 줄 몰랐다.

"너 근데 약속시간 안 됐냐?"

조석환이 시계를 보며 말했다.

"아……!"

그때서야 진승남은 또 다른 벤처기업 사장을 만나러 가야 한다는 사실을 깨달았다. 그가 오늘 약속한 사람은 표철민 대표였다.

■

진승남은 그를 만나러 가기 위해서 마포구 상암동에 있는 DMC 산학협력 연구센터를 찾았다. 깔끔한 현대식 빌딩이었다. 그는 9층을 엘리베이터를 타고 올라가는 동안 표철민 대표에 대해 생각해봤다.

위자드웍스 표철민 대표는 2009년 미국의 글로벌 경제주간지 〈비즈니스 위크〉가 선정한 '아시아를 대표하는 젊은 기업가 25인 Asia's Best Young Enterpreneurs 2009'에 포함돼 있을 정도로 유명인이었다. 하지만 위자드웍스라는 회사에 대해 알아보기 위해서 접속한 홈페이지에서 진승남은 그 유명한 사람이 검은 색 망토를 두르고 별 모양의 장식이 달려 있는 마법지팡이를 들고 있는 장난꾸러기 같은 모습을 하고 있는 것을 볼 수 있었다.

젊은 기업가답게 권위적이지 않고 재미있는 사람일 거라는 생각을 할 수 있었다. 그는 국내에 위젯 Widget 시장을 개척한 청년 프런티어로 평가받고 있다. 지금이야 인터넷으로 광고를 하고, 라디오를 듣고 하는 것이 일상이 되어버린 시대지만 5년 전까지만 하더라도 위젯은 존재하지 않았다. 현재의 그것을 가능하게 만든 것이 바로 표철민 대표다.

진승남은 그런 의미에서 보자면 마법사라는 '위자드'를 회사이름에 떡하니 써붙이는 것도, 홈페이지에 헤리포터처럼 마법사 복장으로 자신 있게 사진을 거는 것도 당연할 수 있다는 생각이 들었다.

■■

"안녕하세요. 표철민입니다."

자신을 표철민이라고 소개한 남자는 회의실 의자를 진승남에게 권하며 자리에 앉았다.

진승남은 그가 낯설지 않았다. 비록 회사 홈페이지에서 본 것처럼 장난기 가득한 미소를 짓고 있지는 않았지만, 고깔모자를 쓰고 마법지팡이를 들고 있는 사진을 떠올리자 입꼬리가 자연스럽게 위로 올라갔다.

"네. 전화드렸던 진승남이라고 합니다."

"뭐가 궁금하세요?"

"네……?"

갑작스러운 표철민의 질문에 진승남은 순간 당황한 표정을 지어보였다.

"이제 사업을 준비하시는 분이시니 바쁘실 것 같아서요. 저도 오늘 또 다른 약속이 있거든요."

표철민은 담담하게 말했다.

"편하게 물어보세요."

"중학교 때부터 창업을 하셨다고 들었습니다."

"에이. 그거 다 아시는 얘기잖아요. 그때 일 물어보시려구요?"

그는 손사래를 치며 어색하게 미소를 지었다.

"그거 홈페이지에도 다 나와 있는데……."

"아뇨."

진승남은 고개를 저었다.

"왜 중학교 2학년 때 창업을 하셨어요? 그 나이 때는 그것 말고도 더 재미난 것들이 많이 있잖아요."

"재미난 거라……."

표철민은 눈을 가늘게 뜨며 한참을 생각에 잠긴 듯 말이 없었다.

진승남은 그가 한창 게임, 친구들과 노는 것 등 더 많은 흥미로운 것들에 관심을 가질 나이에 사업에 눈을 돌렸는지가 궁금했다.

그런데 표철민의 대답은 의외였다.

"그게 제일 재미있던데요."

표철민의 아버지는 제약회사 연구원이었고, 어머니는 은행원이었다. 맞벌이 부모를 둔 독자였기 때문에 그는 어릴 때부터 외로움을 많이 느꼈다. 그런데 그의 친척들 중에 '회장님'이라고 불리는 분이 있었다. 당시 그가 살던 동네는 신길동이었는데, 당시에는 꽤나 낙후된 동네였던 것으로 기억했다. 그런데 그 회장님이라는 친척분의 집에 가면 어린 표철민이 눈을 어디에 둬야 할지 모를 정도로 넓고 멋졌다. 그때 어린 표철민은 생각했다.

'아…… 사업을 하면 멋지구나. 사람들이 저렇게 대해주는 구나…….'

그에게 사업가는 막연하게 멋지고 근사한 사람이었다. 그런 그가 초등학교에 들어가면서 사업은 하나의 '놀이'였다.

그가 초등학교 3학년 때 한창 미니카 붐이 일었다. 하지만 미니카는 값이 비쌌기 때문에 박스에 있는 표지를 오려 복사를 해서 수집하는 친구들이 생겨났다. 그때 표철민의 옆자리에 있는 친구 하나가 미니카 박스표지를 학종이 15장에 물물교환을 했다. 그러면서 그것을 '회사'라고 칭하기 시작했다. 그것을 본 표철민은 재미있겠다는 생각에 경쟁사를 만들었다. 장난처럼 시작한 아이들의 경쟁이었지만 사장과 부사장이 있었고, 나름 진지한 대결이 펼쳐졌다.

그 대결은 고학년으로 올라가면서 더욱 본격화됐다. 4학년 때는 신문을 만들었다. 나름대로 벽보 식으로 매일매일 만들어서 붙이는 학급신문이었는데. 신문에 이름을 붙이고 발행인은 표철민 자신이었다. 나름 기자들도 있었다. 그 신문사의 이름은 PCM그룹이었다. 표철민의 이름 이니셜을 따서 만든 것이었다. 당시 아이들은 그것이 재미있는 놀이뿐만 아니라, 진지한 모임이었기 때문에 계약서까지 만들면서 신문 만드는 재미에 푹 빠져들게 되었다.

그것이 발전해서 5학년 때는 잡지를 만들었다.

"격주간지였어요."

표철민은 그때를 생각하며 재미있는 듯 얼굴에 가득 미소를 짓고는 계속해서 이야기를 풀어냈다.

"반이 아니라 학교 전체에서 만화를 잘 그리는 애들, 글 잘쓰는 애들한테 정기적으로 지면을 줬어요. 나중에는 두 종의 잡지로 발전했죠. 하나는 학생들의 이야기였고, 하나는 전문만화잡지였어요."

"하……."

진승남은 평범하지 않은 초등학교 5학년 아이들의 놀이에 입을 다물지 못하고 표철민을 바라보고 있었다.

"6학년 때는 잡지도 만들면서 축구단을 만들었어요. 학교에서 축구 잘하는 아이들을 모아서 제가 구단주를 하고 학교 뒷산에 타이어를 가져다 놓고 시합을 했죠."

"직접 선수로 뛰지는 않으셨어요?"

"하하하.

저는 뛰는 건 잘 못했어요. 남들이 뛰도록 멍석까는 게 제 특기였죠. 그런데 중학교에 들어가니까 부모님께서 쓸데없는 짓 하지 말고 공부 열심히 하라고 하시더라구요."

"그런데 중학교 2학년 때 사업을 하셨잖아요."

"뭐. 세상살이라는 게 뜻대로 되는 게 아니잖아요."

표철민은 머쓱하게 미소를 지으며 그때를 떠올렸다.

중학교 2학년 때 그는 방송반원이었다. 당시 각 동아리들마다 홈페이지를 경쟁적으로 만들고 있었는데 표철민이 그 재미있는 경쟁을 지켜보고만 있을 리 없었다.

나름 초등학교 3학년 때 전화접속을 통해서 인터넷을 접속했을 만큼 컴퓨터에 대해서 자신 있었던 그는 가장 홈페이지를 잘 만든다고 거들먹거리는 컴퓨터부의 콧대를 납작하게 만들어주고 싶어 홈페이지 만드는 데 열중했었다.

그 뒤로 개인 홈페이지를 만드는 데 푹 빠지게 되었는데 문제가 있었다. 인터넷 홈페이지 주소가 너무나 길다는 것이었다. 조금 짧고 편하게 홈페이지 주소를 쓸 수 없을까 고민하던 그는 자연스럽게 도메인에 관심을 갖게 되었다. 그러던 중 그가 중학교 3학년 때 미국에서 비즈니스닷컴(www.business.com)이라는 도메인이 70억 원에 팔렸다는 기사를 접하게 되었다. 그는 그것을 보자마자 한 가지 생각에 사로잡혔다.

'이거 대박 나겠구나.'

표철민은 어머니를 찾아가 도메인을 사겠다고 졸랐다. 딱 1개만 사라는 허락을 받고 어머니에게 카드를 받아든 그는 70불이라고 얘기한 것과 달리 450불을 긁었다. 그중 하나가 www.gooddns.com이었다. 당시에는 미국이 도메인을 독점하고 있었기 때문에 도메인을 쓰려면 영어로 등록을 해야만 했다. 그는 사전을 찾아가면서 도메인 등록을 마쳤고, 자신이 갖고 있는 사이트로 사람들이 도메인 등록을 하도록 도와주기 시작했다. 그 결과로 그의 사이트는 하루에 5000명씩 방문하는 사이트가 되었다. 그러던 중 도메인 등록이 미국 독점에서 전세계 경쟁으로 바뀌게 되자 본격적으로 도메인 사업에 뛰어들었다. 캐나다 회사와 계약을 맺고 도메인을 들여와 사람들에게 팔았다. 일종의 도메인 도매업자가 된 것이었다.

"대단한데요."

"별거 아니에요."

진승남의 감탄에 표철민은 손을 내저었다.

"캐나다에서 리셀러 자격증을 사가지고 온 거였는데, 그냥 돈만 주면 팩스 한 장 보내고 결제하면 되는 거였어요. 어려울 게 없었죠. 그 다음에는 구인구직 사이트에서 알게 된 대학생한테 100만 원 주고 도메인 등록 시스템을 구축할 수 있는 프로그램과 결제시스템을 연동시킬 수 있는 프로그램을 만들어달라고 했어요. 그 다음부터는 무……."

"돈 많이 버셨겠네요."

"당시 도메인 원가가 1만 원이었는데, 담합 때문에 7만 원에 거래될 때였어요. 전 거기에 끼지 않고 1만 8000원에 팔았죠. 그랬더니 당연히 고객이 몰릴 수밖에요. 하루에 200만 원씩 벌었어요."

그는 어깨를 으쓱 거리며 말했다. 거만하기 보다는 쑥스러워하는 표정이 역력했다.

"그래서 다드림커뮤니케이션을 창업한 거예요. 당시 국내 최연소 창업이었죠. 그런데 어떤 고객께서 세금계산서를 떼어달라고 하시더라구요. 근데 제가 알 리 없죠. 중학생이었으니……."

"그래서요?"

"뭐…… 원래 사업자등록은 결제시스템을 만들기 위해서 어머니 명의로 했는데, 규모가 커지면서 법인을 만들고 싶었어요. 법인은 제 이름으로 만들려고 세무서를 찾아갔는데 두 번이나 거절하더라구요."

"왜요……?"

"중학생이라는 이유 때문이었죠. 법적으로는 문제가 없었는데 선례가 없다는 게 이유였어요. 사실 그때까지 다드림커뮤니케이션의 사장인 표철민은 대외적으로 40살인 아저씨였거든요. 흐흐흐. 일부러 목소리도 괄괄하게 내고, 글을 쓸 때도 나이 많이 먹은 사람 티 팍팍 나게 썼죠. 그런데 현실은 어쩔 수 없는 중학교 3학년생이니…….”

“아…… 그럼 결국 포기하셨나요?”

“그게 좀 우스운 상황이었어요.”

표철민은 그때를 생각하며 얼굴 가득 웃음을 머금고 대답했다.

“중학교 3학년 첫 중간고사 전날 전화가 왔어요. 독도사랑 동호회라는 곳에서 전화가 왔더라구요. 제가 dokdo.co.kr이라는 도메인을 잡고 있었거든요. 그걸 사겠다고 전화가 온 거였어요.”

“아……!”

“근데 뭐 전 그때 당장 시험공부가 급했어요. 그래서 그냥 귀찮아서 쓰라고 했죠. 근데 그게 문제가 된 거예요.”

“문제가 되다뇨?”

“그 다음날 30개 신문에 제 얘기가 기사로 실린 거예요.. 기사에 14살이라고 떡 하니 찍혀서 말이죠. LG전자, 카이스트, 삼성 에버랜드 등 큰 회사 도메인을 독점하고 있었는데 어린애가 하는 회사랑은 일을 못하겠다고 다 떨어져 나가더라구요. 인심 한번 썼다가 사업이 망할 뻔했죠. 어쨌거나 그 덕분에 그 신문 들고 세무서에 찾아가서 법인등록은 할 수 있었어요.”

“다드림커뮤니케이션은 계속 번창했나요?”

“함께했던 친구들이랑 4년 정도 홈페이지 제작, 웹호스팅, 상표등록 등으로 사업영역을 넓혔지만, 결국 도메인 등록업체 과잉으로 운영이 힘들어서 2002년에 접었죠."

"아쉬우셨겠네요."

"뭐…… 시장의 자연스러운 흐름 때문에 어쩔 수 없다고 생각했어요. 하지만 회사가 망해갈 때 할머니께서 쌈지돈 500만 원을 제게 주셨는데, 그걸 사기당한 경험이 있어요. 그건 정말 가슴 아팠죠. 당신 드시고 싶은 거 참고, 한 푼 두 푼 꽤 오랫동안 모으셨던 돈이었을 텐데……."

표철민은 어두운 표정으로 고개를 주억거리며 말끝을 흐렸다. 그때 회의실 문이 열렸다.

"사장님."

여직원 한 명이 고개를 빼꼼 내밀고 표철민을 불렀다.

"그분들 오셨는데요."

"아……!"

표철민은 안절부절 못하며 진승남을 바라봤다.

"어쩌죠. 제가 오늘 미팅이 두 개 잡혀 있어서……."

"괜찮습니다. 기다리겠습니다."

진승남은 괜찮다는 듯 미소를 지어보이며 말했다.

"그럼 잠깐이면 끝날 것 같은데 기다려주세요."

표철민은 옷매무새를 단정하게 만지더니만 회의실 밖으로 발걸음을 옮겼다. 밖에서 웅성거리는 소리에 궁금해진 진승남은 회의실 밖으로 시선을 돌렸다. 그 곳에는 한 대의 카메라와 조명 그리고 회사 문 앞에 서서 카메라를 보며 자세를 잡고 있는 표철민이 보였다.

"아, 이거 간단한 촬영이에요."

막 카메라 앞에서 자세를 잡던 표철민이 진승남과 눈이 마주치자 어색하게 미소를 지으며 말했다.

"중기청에서 하는 청년 창업 홍보영상이에요."

"아…… 예."

진승남은 뻘쭘하게 문밖을 바라보다가 텅빈 회의실 의자에 다시 앉았다.

부러웠다. 중기청에서 나와 그의 모습을 카메라로 담는다는 사실이 부러운 게 아니라, 카메라 앞에서도 당당할 수 있는 그의 여유가 부러웠고, 자기가 오랫동안 바랐던 창업의 꿈을 중학교 때 이미 현실로 만든 그의 추진력이 부러웠다. 진승남은 위자드웍스에 대해 알게 된 사실들을 다시 한번 떠올려봤다.

연세대학교에 입학한 표철민은 대학교 3학년 때 IT 컨설팅 업체인 액센츄어 마케팅팀에서 일을 했다. 그러다가 IT업계 뉴스 하나를 접하게 되었는데, 그게 그에게 꽂혔던 것이다. 뉴스는 바로 WEB 2.0에 관한 것이었다.

미국의 WEB 2.0 붐과 한국에서의 조용한 상황이 맞물리면서 과거 미국이 독점하던 도메인 등록이 풀린다는 기사를 봤을 때와 마찬가지로 사업에 대한 열망이 꿈틀거렸다. 그는 그 길로 개발자 친구인 김현철을 찾아가 창업을 제안했다. 그것이 위자드웍스의 출발점이었다.

김현철은 중학교 3학년 때 화이트바이러스를 유포해 컴퓨터 100만대를 감염시키고 한국에 사이버테러 1호를 발령시킨 전설적인 해커였다. 둘은 의기투합해 위자드웍스를 만들면서 자신들이 알고 있는 인재들을 끌어들였다. 게다가 초등학교 6학년 때 웹디자인으로 대학생들과 경쟁해 전국 대상을 받은 배재민까지 설득해 영입했다. 표철민 대

216

표는 스스로 위자드웍스의 출발을 드림팀이라고 칭할 정도로 자신에
차있었다.

하지만 바로 성공을 맛본 것은 아니었다. 그들은 '웹OS'를 만들
생각이었다. 운영체제에 상관없이 웹에 접속해 자기가 원하는 모든
프로그램이 깔려 있는 상태로 만들어 사용하는 것을 말하는데 그것은
지금도 겨우 실현되고 있는 엄청난 공상이었다. 당시 최고의 멤버로
시작했다는 기대감에 무리수를 뒀다가 오랫동안 고전을 경험할 수밖
에 없었다.

하지만 그는, 아니 그들은 포기하지 않았다. 웹OS가 사용성이 떨
어진다는 결론이었지만 '언제 어디서든 로그인만 하면 내 정보를 볼 수
있다'는 장점을 최대한 살리면서 빠른 동작이 가능한 모델을 연구했다.
그래서 찾은 것이 바로 개인화 포털이었다.

2006년 6월 중순, 그렇게 국내 최초이자 세계 여섯 번째 개인화
포털이 된 위자드닷컴의 개발이 시작된 것이었다. 그리고 2006년도
하반기가 되자 그가 예상했던 대로 한국에도 웹2.0의 시대가 도래했
다. 결국 위자드닷컴은 그 아이템의 희소성이나 높은 성능을 구현한
Javascript를 활용, 한국에 꼭 맞는 아기자기한 디자인으로 처음부터
대박을 경험할 수 있었다. 아무런 홍보 없이 2006년 말에는 순수 가입
자만 2만명이 넘는 최초의 웹2.0 서비스가 되었다. 그리고 2007년 말
한국을 대표하는 웹서비스 시상식인 〈Web Award Korea 2007〉에서
최우수상 및 인기상 2관왕이 되었다. 2008년 1월 위자드웍스는 위젯
시장의 선도자로서 헤럴드경제로부터 〈2008년 미래를 여는 기업〉으
로 선정되었고, 표철민 대표는 위젯 시장을 만들어낸 공로로 〈2008년
미래를 여는 인물〉 자랑스러운 경영자 부분 상을 받았다.

"죄송해요. 오래 걸리진 않았죠?"

한참을 생각에 잠겨 있는 진승남을 깨운 건 조금은 피곤한 듯한 표철민의 음성이었다.

"아…… 벌써 끝나셨어요?"

"그런데 식사는 하셨어요?"

표철민이 진승남의 맞은편에 다시 앉으면서 물었다.

"예. 저는 오기 전에……."

"그래도 이것 좀 드시고 하세요.

전 아직 식사 전이라서 좀 먹으면서 할게요."

그는 어정쩡하게 대답하는 진승남에게 회의실 테이블에 놓여진 과자들중 하나를 건네며 자기도 하나 골라 포장지를 뜯으며 말했다.

"식사를 하시지."

"조금 뒤에 새로 창업한 회사에 가서 직원들과 먹기로 했거든요."

"새로 창업을 하셨다구요?"

진승남은 어이없다는 듯 목소리를 높였다.

"위자드웍스 잘 되고 있는 걸로 아는데……."

"그야 그런데, 하고 싶은 걸 어쩝니까."

표철민은 어깨를 으쓱거리며 말했다.

"제가 창업 본능이 좀 강한가 봐요. 멍석까는 걸 좋아하거든요."

"이번에는 어떤 아이템인가요?"

"소셜게임이에요."

"소셜게임이요……?"

진승남은 의아한 듯 되물었다. 그로서는 소셜게임이라는 것이 낯설었기 때문이었다.

"아……! 모르시는구나. 제가 설명해드릴게요."

표철민은 새로운 아이템에 대해 말을 시작하면서 눈빛부터 달라져 있었다.

"미니홈피 같은 건 1촌 맺고 나면 딱히 할 일이 없잖아요. 미국의 페이스북에서도 관계를 맺어도 할 게 없더라구요. 그래서 그런 업체들이 고민을 했죠. 뭘 해줄까……. 그러다가 사용자들에게 동의를 구한 다음 과감하게 외부업체에 정보를 제공해주고, 1촌끼리 게임을 할 수 있도록 하는 거예요. 복잡한 건 아니구요. 이를테면 테트리스 같은 거죠. 혼자 하던 게임을 1촌끼리 경쟁하기도 하구요."

"그게 사람들이 많이 이용하나요?"

"물론이죠."

그는 자신 있는 음성으로 대답했다.

"스타크래프트를 만든 블리자드사가 10년 동안 모은 회원수를 미국의 소셜게임 1위 기업인 징가라는 회사가 1년 만에 모았어요. 이건 완전 대박이에요."

"그래도 새롭게 창업을 하시면 위자드윅스에 신경을 많이 못 쓰실 텐데요."

진승남이 조심스럽게 말했다. 표철민은 미소를 지으며 말했다.

"위자드윅스의 위젯 사업은 어느 정도 안정적 궤도에 올라와 있다는 생각이 들었고, 소셜게임이라는 새로운 아이템이 성공할 수 있을 거란 감이 들었어요. 촉이 돌 때는 과감하게 판을 짜야죠. 그리고 새로운 판을 벌리고 손바닥만한 사무실에서 라면 끓여먹으면서 창업하는 게 너무나 즐겁더라구요. 흐흐흐."

그는 스스로 말해놓고도 우스운 듯 미소를 지었다.

"전 판을 벌리고, 맞는 사람들을 모아서 비전을 심어주고 자리를 잡을 때까지가 너무 재미있어요."

"그런데 새로운 사업 아이템이 계속해서 샘솟나요?"

"아……! 아이템! 그건 훈련이 필요해요. 촉을 키워야죠."

표철민은 재미있는 이야깃거리가 생각난 아이처럼 얼굴가득 미소를 지으며 말했다.

"모든 것을 다 사업 아이템이라고 생각하고 분석하는 훈련을 해야 해요. 버스회사를 예로 들어보죠. 신촌에서 인천까지 가는 버스가 있더라구요. 전 그걸 처음 봤을 때, 아…… 인천 가는 버스구나라고 생각한 게 아니라 하루에 몇 번 운행하고, 요금이 얼마고, 어떻게 수익이 날지 분석해봤어요. 그런 식으로 자기 주위에 있는 모든 것들을 분석하는 훈련을 하다보면 길을 가다가도 사업 아이템이 보이게 되죠."

"대단하시네요."

진승남은 그가 정말 태어날 때부터 사업가가 아니었을까 하는 생각을 하고 있었다.

"하지만 그런 훈련이 되지 않은 사람들도 많잖아요. 그런 사람들은 사업 아이템을 어떻게 찾아야 할까요?"

"멀리서 찾을 필요 없어요."

표철민은 고개를 저었다.

"주변에 얼마든지 사업 아이템이 될 만한 건 많아요. 하지만 찾지 못할 때는…… 저는 아웃라이어의 만 시간의 법칙을 전적으로 동의하는 사람

중에 하나예요."

"만 시간의 법칙."

진승남도 아웃라이어의 만 시간의 법칙쯤은 알고 있었다. 웬만한 자기개발서에는 언제나 꼭 짚고 넘어가야 하는 이야기처럼 등장하는 그것은 누군가 한 가지 일에 만 시간을 투자하면 전문가가 된다는 이론이다.

"그럼 창업을 하려면 만 시간을 투자해서 전문가가 되라는 말씀인가요?"

"반대로 생각해봐야죠."

표철민은 고개를 저었다.

"대부분 만 시간의 법칙을 얘기하면 그렇게들 말하더라구요. 지금 당장 창업 아이템을 찾고 있는데 어떻게 만 시간을 투자하냐구요. 하지만 돌아보면 분명히 자기가 만 시간을 투자한 어떤 일이 있을 거예요. 그것을 사업 아이템으로 정해야죠. 사업 아이템을 정하는 방법은 두 가지예요. 아이템을 찾아내서 자기가 전문가가 되든지, 아니면 이미 만 시간을 투자한 것을 찾아내는 거죠."

"아……."

진승남은 고개를 끄덕였다.

"하지만 새롭게 창업을 하려고 사람을 모으고 조직을 만드는 건 쉬운 일이 아니잖아요."

그는 사업 아이템은 이미 정해져 있고, 확실하게 조금씩 진행되고 있는 것 같지만 조직을 제대로 만들지 못해서 괴로워하는 자신의 처지를 떠올리며 물었다.

"조직을 만드는 게 어렵나요?"

표철민은 오히려 의아한 듯 되물었다.

"당연히 어렵죠."

"그런가요. 전 워낙 어렸을 때부터 그래 와서……."

그는 머리를 긁적이며 말했다.

"전 어렸을 때부터 외동아들에 맞벌이 부모님 때문에 혼자 있는 시간이 많았거든요. 게다가 게을렀죠. 그래서 제가 나서서 뭔가를 배우고 잡기를 즐기려면 배워야 하니까 귀찮았어요. 그렇다고 아이들이 몰려 있는 곳에 끼어들기는 싫었어요. 제 마음대로 할 수가 없었으니까요. 그래서 제가 판을 만들고 남들이 들어오면 내 일정에 맞출 수도 있고, 내가 컨트롤 할 수 있었죠. 그래서 PCM그룹도 만들고…… 하하하."

"아……."

진승남은 그제야 그가 조직을 만드는 것이 쉽다고 말하는 의미를 깨달을 수 있었다. 그에게는 사업이 '취미'이자 '놀이'였던 것이었다. 어릴 때부터 놀이이자 취미로 사업을 구상하고, 실천에 옮겼던 경험들이 쌓이고 쌓여 결국 스스로 '창업'이 천직이라고 생각한다는 말을 할 수 있는 단계까지 왔다는 생각이 들었다.

'나도 저 사람처럼 즐겁게 사업을 하면 좋을 텐데.'

"사업하는 게 즐거우신가요?"

"즐겁죠. 하지만 나이를 먹으니까 예전처럼은 안 되네요. 직원들도 많아지고, 그들이 결혼을 하고, 생활을 해나가는 모습을 보면 점점 스트레스를 받게 되죠. 하지만 즐겁게 사업을 하려고 노력하는 편이에요."

표철민은 자세를 고쳐 앉으며 진승남을 똑바로 바라봤다.

"진승남 씨는 사업하는 게 즐거우세요?"

"아직…… 전 아직 시작하는 단계라서요."

진승남은 얼굴을 붉혔다. 아직 직원들 월급 때문에 괴로워한 적도 없고, 사업자금을 마련하려고 대출을 받아 그 이자를 걱정해 본적도 없는데 즐겁다는 말이 바로 나오지 않는다는 사실이 부끄러웠다.

"그러지 마세요."

표철민은 단호하게 말했다.

"규모가 작다고 주눅 들 필요 없어요. 규모가 작으면 실패도 작아요. 그렇다면 좀더 즐겁게 일을 해야 한다고 생각해요. 이건 일이고 힘든 거라는 생각부터 갖는다면 정작 사업이 잘돼서 규모가 커지고 사람들이 늘어나면 견딜 수 없게 돼요. 바보가 되어야 해요."

"바보가 되다뇨?"

"음…… 무뎌진다는 표현이 더 맞으려나?"

그는 고개를 갸우뚱하며 말을 이어갔다.

"사업을 하면서 즐거운 일, 보람 있는 일은 잊지 말아야겠지만 힘들고 괴로운 일들을 자꾸 생각하지 않았으면 하는 거죠. 제가 도메인 가격을 7만 원 담합한 데 따르지 않고 18000원에 팔았잖아요. 그때 경쟁업체에서 만나자고 하더라구요. 그때 친구랑 함께 나갔는데 경쟁업체 사람이 저한테 무지하게 욕을 했더라구요. 전 그걸 기억 못해요. 며칠 전 그때 함께 나갔던 친구를 만나서 술 한잔 하는데 그 친구가 얘기하더라구요. 만일 제가 그때 그 일을 마음속에 담아두고 괴로워했다면 저도 사업을 하는 데 많은 어려움이 있었을 거예요. 사실 2006년에 위자드웍스가 처음 생겼을 때 직원들이 몽땅 나가버린 적이 있었어요. 군대 간다고 하더라구요. 전 진짜 울고불고 매달렸었는데……. 그때도 그 일을 담아두고 계속 괴로워만 했다면 지금의 위자드웍스는 없었겠죠. 실패에 익숙해지면 안 되겠지만 실패를 두려워하는 게 즐겁게 사업하는 마음보다 커서는 절대 안 된다고 저는 생각해요. 그래서 사업이 즐겁다는 생각만큼은 절대 놓지 않으려고 애쓰고 있구요. 그러니까 진승남 씨도 지금 상황을 즐겁게 생각하셨으면 좋겠어요."

"예. 저도 즐겁게 사업을 하려고 노력하겠습니다."

"아. 맞다. 가장 중요한 걸 말씀드리지 않았네."

표철민은 자기 이마를 손바닥으로 치며 인상을 찡그렸다.

"즐겁게 사업을 하려면 꿈을 가져야 해요."

"꿈이요? 성공할 거라는 꿈 말인가요?"

"아뇨. 사회적 가치죠."

"사회적 가치……."

"예. 전 사회적 가치가 굉장히 중요하다고 생각해요. 우리 회사가 존재함으로 해서 세상이 조금 아름다워진다…… 이런 거요. 대단히 아이 같은 생각이긴 하지만 우리가 위젯이라는 매체를 사람들에게 제공함으로써 정보의 다양성에 기여하고 있다는 생각을 해야만 하죠. 그런 사회에 기여하겠다는 가치를 갖고 한다면 그것이 즐겁게 사업을 할 수 있는 원동력이 되는 거라고 저는 생각해요. 나 혼자 잘먹고 잘 살려면 잘 안 되고, 짜증나면 사업하는 것 자체가 싫어지겠지만 꿈이 있다면 버틸 수 있을 테니까요. 그리고 그 꿈을 갖는 건 사장이에요. 바로 진승남 씨죠."

"저요……?"

"전 사업에서 가장 중요한 게 사람도 아니고, 아이템도 아니고, 돈도 아니라고 생각해요. 바로 사장이죠. 사장의 생각이 똑바로 박혀 있고, 직원들에게 꿈을 심어줄 수 있는 사람이라면 아이템도, 사람도, 돈도 어디서든지 구할 수 있어요. 꿈을 줄 수 있는 사장만이 좋은 사람들을 모을 수 있고, 좋은 꿈을 갖고 있는 사장이 좋은 아이템을 찾아내고, 좋은 꿈을 갖고 있는 사장에게 돈을 투자해요. 좋은 사람이 없는곳에 돈을 투자할리 없고, 좋은 아이템이 없는데 좋은 사람들이 모일 리 없잖아요. 돈, 사람, 아이템을 연결해 주는 것은 바로 사장의 꿈이에요.”

사장의 꿈.

진승남은 생각했다.
과연 나는 좋은 꿈을 꾸고 있을까……?

정
성
은

"많은 고민을 해야하고, 결정을 내려야 해요. 이것저것 하겠다
고 덤벼들다간 죽도 밥도 되지 않기 때문이죠. 그리고 맞다고
생각하는 것을 정했으면 그때부터는 모든 역량을 집중해야 해
요. 집중해서 확실하게 만들어야죠. 메인이 확실하지 않다면
다른 것들은 전혀 의미가 없어요. 음식점도 그렇잖아요. 대박
음식점일수록 메뉴판에 음식 가지 수는 몇 개 없어요. 자신있
기 때문이죠. 반대로 손님에게 자신있게 내놓을만한 음식이 없
으면 이것저것 많이 메뉴를 걸어놓을 수밖에 없어요."

정성은은 현재 교육-엔터테인먼트 기업 ㈜위버스마인드의 대표이다. 대한민국 외국어교육산업대상 수상의
어학학습기 '워드스케치'을 개발, 유통하고 있으며 앱스토어 등 오픈마켓용 '뇌새김영어(뇌새김어학)'를 출시하여 그
영역을 넓히고 있다. 서울대학교 대학원 재학시절 선배와 함께 게임빌을 창업, 10년간 COO로 재직하며 코스닥 입성을
맛봤다. 이제는 ㈜위버스마인드의 둥지 안에서 고객만족, 직원만족, 사회기여를 비전으로 꿈꾸고 있다.

Jung Sung Eun / jayjung@weaversmind.com / @JaySJung

"레스토랑은 얼추 된 것 같은데 좀 아쉽잖아. 요즘 그루폰을 벤치마킹해서 음식점 할인서비스를 제공한다는 회사들이 여러 개 생겨나는 것 같은데……."

"그래도 만만한 게 먹는 장사잖아요. 괜히 다른 데 건드렸다가 별로 효과도 보지 못하면 있으나 마나 한 거 아닌가?"

"그러게. 그건 그렇긴 하지만 구색을 갖추는 것도 중요하지 않을까? 난 지난번에 말했던 대로 손님들이 많이 몰리지 않는 시간대의 골프장이나 다른 서비스도 함께 오픈할 때 내놔야 그럴듯해 보일 거라고 생각이 들더라고."

"그건 또 그렇죠. 쉬운 일이 아니네."

"승남이 생각은 어떠니?"

"사장!"

유원석과 조석환은 한참 동안 각자의 의견을 내놓다가 진승남을 바라봤다.

"응……? 뭐……?"

진승남은 머리를 긁적이며 머쓱한 표정을 지어보였다.

"사장이라는 자식이……."

조석환은 잔뜩 인상을 찡그리며 그를 노려보며 투덜거렸다.

"직원들이 회의를 하겠다고 덤비면 신경을 써야 할 거 아냐."

"놔 둬라. 며칠 안 남았잖아."

유원석이 진승남을 안쓰러운 듯 바라보며 말했다.

"잠은 좀 잤어?"

"네."

진승남은 고개를 끄덕였다.

"그런데 마무리가 잘 안 되네요. 이번에는 만일 이 아이템으로 창업을 하게 된다면 어떤 회사를 만들고 싶냐는 인터뷰도 평가항목에 들어간다고 하던데……. 그게 말처럼 쉽지 않아요."

창업 아이템 경진대회 이야기다. 그는 며칠 앞으로 다가온 창업아이템 경진대회의 프리젠테이션을 위해 준비를 하고 있는 중이었다.

"그게 뭐가 어렵다고……."

조석환이 눈살을 찌푸렸다.

"좋은 회사 만들어서 돈 많이 벌고 잘먹고 잘살고 싶다고 하면 되는 거 아냐?"

"그거야 그렇지."

진승남은 고개를 끄덕였지만, 여전히 눈은 프리젠테이션을 위한 준비를 하고 있던 컴퓨터 모니터를 벗어나지 못하고 있었다. 우수리쿠폰은 그들이 계획했던 대로 만족스럽게 진행되고 있지는 않았지만 어느 정도 눈에 보이는 진척 사항들이 한두 개씩 모습을 드러내고 있는 중이었다.

유원석은 이번 달부터 회사를 퇴직했고, 본격적으로 우수리쿠폰의 영업을 담당하고 있었다. 그는 이미 포털 사이트나 잡지 등에서 소개된 맛집과 데이트코스로 유명한 레스토랑들을 돌아다니며 우수리쿠폰과의 제휴를 추진 중에 있었다. 이미 계약 성사 직전인 곳도 몇 군데 있을 정도였다. 조석환은 같은 전자공학부 후배들과 창업 동아리를 통해서 알게 된 후배들과 함께 우수리쿠폰의 스마트폰 앱과 웹사이트 프로그램을 개발 중에 있었다. 진승남 역시 그 개발 과정에 참여하기는 했지만 그는 당장 며칠 뒤에 있을 창업 아이템 경진대회에 집중해야만 했다.

　그에게 그것은 굉장히 중요한 의미를 갖고 있었다. 창업 아이템 경진대회가 그들에게 창업을 포기하느냐, 진행하느냐를 결정하는 것은 아니지만 일단 사업적 타당성을 전문가들에게 검증받는다는 의미와 함께 여전히 창업에 반대하는 부모님을 설득할 수 있는 가장 효과적인 방법이라고 생각하고 있었기 때문이었다. 그래서 그는 사흘에 한 번씩 자취방에서 진행되는 회의에도 참석하지 않고 프리젠테이션 준비를 하고 있는 중이었다. 하지만 좁은 방안 한 쪽에서 조석환과 유원석이 의견을 나누는 소리마저 막을 수는 없었다.

　"음식점만으로는 아쉽고…… 구색을 갖추자면 만만치 않고……."

　그는 모니터를 바라보고 있으면서 자기도 모르게 중얼거렸다.

　"저거…… 저거."

　조석환이 어이없다는 듯 바람 빠지는 듯 웃음을 흘렸다.

　"프리젠테이션 준비하느라 정신없다더니만 들을건 다 듣고 있었네."

　"신경이 왜 안 쓰이겠냐."

　유원석도 미소를 지었다. 회사를 그만두겠다고 했을 때 그의 상사는 그를 만류했었다. 취업하기도 어려운 요즘 현실에서 창업을 한다는 것은 너무 무모하다는 것이 그 이유였다.

하지만 그때 그는 뜻을 굽히지 않았다. 그는 조석환과 진승남을 바라봤다. 우수리 쿠폰을 기획하고 진행하면서 진승남은 많이 변하고 있었다. 처음에는 어리숙하고 뭘 해도 불안했지만 요즘 그를 보고 있으면 유원석은 믿음직하다는 생각을 하곤 한다. 그것은 분명 조석환이 옆에 있기 때문이기도 했다. 우수리 쿠폰에 관한 커다란 구상과 방향을 진승남이 얘기했다면 조석환은 그것들을 눈에 보이도록 만들어주고 있었다. 비록 기말고사중이라고 회의에 참석하지 않는 멤버들이었지만 조석환은 그들을 잘 다독거리며 프로그램 개발이나 실무적인 일들을 만들어가고 있었다. 유원석은 요즘 들어 가끔 둘을 보고 있으면 버릇처럼 같은 생각을 하곤 한다.

"이 녀석들과 함께 하면 뭐가 되든 할 수 있을 것 같다."

교육컨텐츠 전문기업인 (주)위버스마인드는 그림으로 단어를 암기하는 외국어학습장치 및 시스템으로 특허출원 후 휴대용 어학기 '위버스케치'를 출시하고 빠른 속도로 시장에서 자리를 잡아가고 있는 벤처기업이다. 그리고 얼마 전 위버스마인드의 대표 정성은은 코리아헤럴드에서 '대한민국 외국어 교육산업 대상'이라는 상을 타기도 했다.

진승남과 조석환은 김현진의 소개를 받아 정성은 대표를 만나러 갔다. 지금까지 다른 대표들을 만나는 자리에 함께 하지 않은 조석환이었지만 이번에는 함께 가기로 했다. 그 이유는 남다른 경력을 갖고 있는 정성은 대표 때문이었다.

"야. 게임빌이라는 모바일 게임업체 기획이사였던 양반이라잖아. 김현진 대표 말로는 그 사람 직함은 기획이사지만 사장 바로 아래여서 부사장

역할을 했다고 하더라. 그래서 나도 꼭 같이 가보라고 했단 말야."

조석환은 함께 길을 나서면서 너스레를 떨었다.

"인마. 우수리 쿠폰 부사장이 바로 나 조석환이야. 부사장 출신 CEO를 만나러 가는 건 당연하다구."

"알았다. 알았어."

진승남은 싫지 않은 듯 미소를 지었다. 지금까지 함께 사업을 하자고 제안했던 조석환이 부사장을 하고, 자신이 사장을 하게 되면서 은연중 부담감을 느끼고 있는 그로서는 밝은 조석환의 얼굴을 보자 자연스럽게 입꼬리가 말아 올라갔다.

"근데 그 워드스케치라는 거 말야……."

조석환이 발걸음을 옮기면서 입을 열었다.

"깜빡이 아니냐?"

"아마 그럴걸. 왜?"

"이해가 안 된다는 거지."

그는 이유를 묻는 진승남을 바라보며 고개를 갸우뚱거렸다.

"알아봤더니 게임빌이라는 회사 말야. 상장까지 했더라구. 모바일 게임 업체에서는 거의 상위권이고 말야. 그런 회사에서 위로 사장밖에 없는 기획이사였는데 뭐가 아쉬워서 거기 그만두고 창업을 했을까?"

"글쎄……."

진승남 역시 궁금한 부분이었다. 그들은 쌀쌀해져가는 11월 초겨울의 날씨에도 강남대로의 북적이는 인파를 뚫고 발걸음을 재촉했다.

"안녕하세요. 정성은입니다."

정성은은 진승남과 조석환을 보자마자 고개를 숙여 인사를 건네며 손을 내밀었다. 무척이나 반갑게 웃어주는 정성은의 표정에서 진승남과 조석환은 편안함을 느끼며 그가 권하는 자리에 앉았다.

"김현진 대표한테 얘기는 들었습니다. 쿠폰 사업을 준비중이시라구요?"

"예. 스마트폰 앱과 인터넷 웹사이트를 오픈할 준비를 하고 있습니다."

진승남이 대답했다.

예전에 창업을 준비한다고 말할 때보다 구체적인 사업 아이템과 무작정 준비하는 것이 아니라, 곧 뭔가를 보여줄 수 있다는 생각이 들자 그의 목소리에는 자신감이 느껴졌다.

"많이 설레시겠어요."

정성은은 여전히 미소를 짓고 있었다.

"예. 기대됩니다. 정대표님께서도 처음 게임빌을 창업하실 때 설레셨어요?"

"전 위버스마인드를 창업할 때는 좀 그랬죠. 사실 처음 게임빌 사장인 선배님과 함께 창업을 할 때는 멋모르고 시작했다는 표현이 어울리는 것 같아요."

그는 자연스럽게 자신의 이야기를 꺼내기 시작했다. 정성은이 대학에 입학했을 때 처음 느낀 것은 막막함이었다. 고등학교 때까지만 하더라도 대학입시라는 거창한 통과의례가 기다리고 있었기 때문에 실패를 하지 않기 위해서 열심히 노력했었다. 하지만 막상 대학에 들어오자 무엇을 해야 할지 몰랐다. 대학생이라는 조금은 자유로운 상황도 한몫을 했지만, 당장 대학입시라는 커다란 짐을 내려놓자 무엇을 해야 할지 막막하기만 했다.

하지만 그런 그의 방황은 그리 오래 가지 못했다. 어설프게 1, 2학년을 지낸 뒤 IMF가 찾아왔다. 느슨하던 학교 분위기가 긴장감에 휩싸였다. 좋다던 경기가 급속도로 안 좋아지고, 학교를 졸업해도 취업이 되지 않을지 모른다는 불안감에 학생들은 너나 할 것 없이 도서관을 찾았다. 그들 속에 정성은도 함께 있었다.

그는 대학교 3학년 때부터 독서실을 다니며 공부에 매달렸다. 낮았던 학점을 재수강으로 만회하고 대학원에 진학했다. 대학원에 진학한 이유는 학부생 때 하지 못했던 공부에 대한 후회 때문이었다. 그러던 중 그는 우연찮게 게임을 접하게 되었다.

"스타크래프트에 빠져서 밤마다 게임을 했어요. 게임을 좋아하지 않았었는데 너무 재미있더라구요. 한번 빠져들다보니 무섭게 중독됐던 것 같고 끝내는 세계랭킹 100위 안에까지 들고 말았죠."

정성은은 머쓱하게 웃으면서 말을 이어갔다.

"그런데 선배가 게임 쪽 창업을 해보자고 찾아왔어요."

"게임에 빠져있을 때 게임회사를 차리자고요?"

조석환은 흥미로운 듯 물었다.

"예. 그때는 소프트한 게임들이었죠. 고스톱이나 오목 같은 거요. 컴퓨터에 다운받는 게 아니라, 접속해서 바로 할 수 있는 게임들 위주였어요. 우스운 얘기지만 제가 게임에 빠져있었던 게 도움이 됐어요. 게임의 메카니즘을 파악할 수 있었거든요."

"게임의 메카니즘이요?"

"어떤 게 재미있는지, 어떻게 빠져드는지, 왜 그만두지 못하고 계속할 수밖에 없는지……. 그런 것들을 이해하는 데 제 경험이 도움이 되죠."

그때가 그의 나이 24살 때였다. 게임빌의 사장인 선배는 그보다 한 살 많은 25살이었다. 그런데 문제가 있었다. 함께 창업을 하기로 하고 게임을 만들려는 멤버가 10명 정도였는데, 그중에 7명 정도가 학부생이었다. 학생들은 학교를 다니면서 아르바이트 형식으로 하며 월급을 받고, 경력을 쌓는 것이기 때문에 사업에 본격적으로 뛰어든 정성은과 사장인 선배와는 같은 처지가 될 수 없었다.

2000년 1월에 회사를 설립했는데 중간고사 기간에는 직원들이 출근을 하지 않아 낮에는 경리직원과 정성은 그리고 사장인 선배 셋만이 회사를 지켜야만 했다. 오죽했으면 사람이 없으니 전기세라도 아끼기 위해 조명을 끄자는 얘기가 나왔을까.

"크…… 답답하셨겠네요."

조석환은 마치 자기가 함께 그 상황을 겪은 것마냥 눈살을 찌푸렸다.

"어쩔 수 없었죠. 상황이 달랐으니까요."

정성은은 고개를 저으며 말했다.

"그때 되니까 우리가 잘 하고 있는지에 대해 의문이 들더군요. 그때까지는 오로지 게임빌의 사이트 론칭만 생각했었거든요. 방향성이나 수익모델에 대해 좀더 고민하지 않고 있었어요. 지금 생각해보면 아찔하게 시작했었던 거죠. 운이 좋았어요."

그는 그때를 떠올리는 듯 고개를 주억거렸다.

"3개월 동안 월급 한푼 못 가져가고 첫 월급으로 50만 원을 받았어요. 중간에는 과외 아르바이트로 버텼구요."

"직원들도 학생이라 오지 않고, 월급도 잘 못 가져가고 하면 힘 빠지지 않나요?"

진승남이 물었다.

"그만두고 싶으셨을 법도 한데요."

"하지만 버틸 수 있었던 건 함께 했던 사람들 때문이에요."

정성은은 단호하게 말했다.

"이 사람들과 하면 뭐가 돼도 할 수 있겠다는 신뢰가 있었거든요."

"아……!"

진승남은 그 말에 크게 고개를 끄덕이며 유원석을 생각했다. 그가 농담
처럼 건네던 그 한마디.

너네들이랑은 뭐가 되든 할 수 있겠다.

"저는 그때부터 선배와 회사에 관한 결정을 내려야 할 때 한 가지 화두
를 놓지 않았어요."

"화두요……? 어떤 건가요?"

"제가 가장 중요하게 생각하는 것은 '선택과 집중'이에요."

"선택과 집중."

"당시 인터넷 사업의 성공의 척도는 얼마나 많은 회원수를 확보하느냐
였어요. 그렇기 때문에 게임 사이트였지만, 정작 커뮤니티 게시판부터 시
작해서 이것저것 잡다한 것들을 넣으려고 애썼었어요. 그래야 회원수가
늘 수 있을 거라 생각했죠. 능력과 상황을 고려하지 않고 이것도 될 것 같
고, 저것도 될 것 같다고 해서 다 할 수는 없는 거예요. 결국 게임을 선택했
고, 나머지들을 포기했어요. 그런데 그게 수익을 내고 회사가 발전할 수
있는 기회를 가져다 줬어요. 결국 회원들은 우리 사이트에 게임을 하러 들
어온 사람들이었던 거죠."

"……"

진승남은 고개를 끄덕였다. 얼마 전 자취방에서 조석환과 유원석이 나눴던 말들이 떠올랐기 때문이었다. 쿠폰 사업을 하는 데 있어서 가장 접근이 쉽고, 수익을 낼 수 있는 것이 바로 레스토랑 서비스 쿠폰이지만, 왠지 그것만으로는 아쉽기 때문에 다른 것들을 찾아야 한다는 의견과 지금 당장은 어렵지 않겠느냐는 의견이 있었지만 결론은 나지 않았었다. 한 가지 아이템만으로 접근하는 것이 왠지 불안했기 때문이었다.

"많은 고민을 해야 하고, 결정을 내려야 해요. 이것저것 하겠다고 덤벼들다간 죽도 밥도 되지 않기 때문이죠. 그리고 맞다고 생각하는 것을 정했으면 그때부터는 모든 역량을 집중해야 해요. 집중해서 확실하게 만들어야죠. 메인이 확실하지 않다면 다른 것들은 전혀 의미가 없어요. 음식점도 그렇잖아요. 대박 음식점일수록 메뉴판에 음식 가지수는 몇 개 없어요. 자신 있기 때문이죠. 반대로 손님에게 자신있게 내놓을 만한 음식이 없으면 이것저것 많이 메뉴를 걸어놓을 수밖에 없어요."

"선택과 집중…… 진짜 중요하군요. 저희도 지금 쿠폰 사업을 시작하면서 여러 가지를 해야 할지, 한 가지에 집중해야 할지 고민하고 있었는데……."

조석환이 고개를 끄덕였다.

"정답은 없어요. 선택의 문제겠죠. 하지만 제 경우라면 우선 한 가지 메인을 확실하게 만들고 나서 그 뒤에 확장을 고려해보시라고 말씀드리고 싶네요."

"사업을 하면서 선택과 집중이라는 화두는 계속해서 고민거리가 되시던가요?"

"물론이에요. 저희들이 자바게임을 선택했던 이유는 당시의 느린 가정용 인터넷 속도와 사람들이 자기 컴퓨터에 뭔가를 다운받아서 설치하는 것을 꺼릴 거라는 생각 때문이었어요."

정성은은 담담하게 말했다.

"하지만 얼마 지나지 않아 저희의 생각이 틀렸다는 것을 알 수 있었어요. 인터넷망 속도가 이렇게 빨라지고, 사람들이 게임을 다운로드 받아서 하는 것에 거부감이 없을 줄 몰랐어요. 그런 상황에서 인터넷에 접속해서 게임을 하는 사람들에게 복잡하지 않은 게임빌의 게임은 한게임, 넷마블의 게임보다 재미 면에서 떨어질 수밖에 없었죠. 온라인 PC게임 시장에서 도태되기 시작했어요."

게임빌은 온라인 PC시장에서 도태되고 있을 때 선택과 집중을 통해 새로운 모습으로 변모하게 된다. 당시 게임빌은 2000년 12월 모바일 게임 시장에 뛰어들었다. PC게임과 모바일 게임을 동시에 진행하고 있었지만, 모바일 게임은 돈이 되지 않았다. 상식적으로 생각했을 때 돈이 되지 않은 모바일 게임보다는 당장 돈이 되는 온라인 PC게임에 주력해야 했지만 그들은 회사의 미래에 대해 고민했다.

자바게임을 기반으로 하는 게임빌은 당장은 돈을 벌고 있지만 온라인 PC게임에서 Top 5 안에 들수 없을 것이라는 결론을 내렸다. 하지만 모바일 게임 쪽은 항상 Top 3 안에 게임빌의 이름이 올라가면서 장기적으로 발전가능성이 있다는 판단을 했다. 게임빌은 2004년도에 과감하게 온라인 PC게임 사업을 접고, 모든 역량을 모바일 게임에 집중하기 시작했다. 그들이 그렇게 할 수 있었던 것은 인텔의 사례 때문이었다.

인텔은 메모리 분야에서 돈을 벌고 있었지만 장기적으로 가능성 있는 부분인 비메모리^{펜티엄프로세서}를 주목하고 있었다. 메모리 분야는 삼성전자와 대만의 업체들이 치고 올라오고 있는 상황에서 미래가 없어보였기 때문이었다. 그들은 펜티엄프로세서 부분에서 기술적 우위를 차지하고 있었지만 그것을 통해 얼마 안 되는 수익을 내는 상황에서 과감하게 메모리 부분을 매각하고 비메모리 부분에 집중했다. 인텔의 주주들은 회사의 결정에 항의하며 그들이 잘못된 선택을 했다고 주장했다. 하지만 결론은 인텔의 성공이었다. 모든 것이 집중과 선택의 문제였다.

"전 전형적으로 선택과 집중을 잘 못하는 사람이었어요."

정성은이 말했다.

"호기심 많고, 노는 것 좋아하고, 필 꽂히면 그것만 보이다가 어느 순간 싫증내고…… 그랬죠."

"전형적인 B형이시네요."

"하하하. 맞아요. 예를 들어 악기를 배울 때, 드럼이 멋있어 보여서 드럼을 배웠는데 막상 무대에선 맨날 뒤 쪽에 빠져 있는 거예요. 뒤 쪽에서 보니 싱어가 더 멋있어 보이는 거죠. 사람들 앞에서 노래를 부르니까요. 그래서 싱어를 하면 거기서 또 다시 딜레마에 빠져버리는 거예요. 아… 노래는 누구나 부를 수 있는데, 기타 치고 드럼 치는 건 기술이 필요하니까 아무나 할 수 없는 거구나… 이러면서요. 소위 남의 떡이 커 보이는 거죠."

"그건 사람이라면 당연한 거 아닌가요?"

"당연하다고 하지만 사업을 할 때 그럴 수는 없잖아요."

진승남의 물음에 정성은이 고개를 저었다.

"그래서 고민을 해야 해요. 내가 성공하려면 다른 사람이 하기 힘든 것을 만들어 가야 해요. 그런 것은 남의 떡이 커 보인다는 생각을 죽이는 습관이 중요한 것 같아요. 그리고 내가 어떤 것을 하더라도 죽이 되든 밥이 되든 최소한 1년은 무조건 해야 해요."

그는 손가락 하나를 들어보이며 말했다.

"1년 동안 무조건 파야죠. 최선을 다해서요."

"그러다 안 되면요?"

"그럴 때 결정을 해야 해요. 조금 더…… 조금 더…… 조금만 더 하면 될 것 같은데. 라고 생각하는 것은 망하는 지름길이죠. 처음 시작할 때 1년 후 어떤 상황이 되면 그만둔다는 가이드라인을 확실히 잡아놓고 들어가는 게 중요해요. 그 가이드라인에 걸린다면 과감하게 포기해야만 해요. 그리고 그 동안에는 절대 남의 떡을 보지 않도록 하구요."

"처음 시작할 때는 대부분 실패를 생각하면 안 되지 않나요?"

"실패를 생각하라는 게 아니에요. 스스로 생각할 때 최소한 이 정도는 돼야 계속할 수 있다는 한계를 정해놓고 가는 거죠. 그렇게 되면 처음 시작할 때 더 많이 고민해보고, 체크하게 돼요. 그게 오히려 실패를 줄이게 만들어주죠."

"……"

진승남은 조용히 고개를 끄덕였다. 그는 우수리 쿠폰에서 지금 레스토랑 이외의 아이템을 바라보는 것이 자기 앞에 놓인 떡도 다 먹지 못할 상황이면서 남의 떡을 보며 침을 흘리는 어리숙한 욕심쟁이 같다는 생각을 했다.

그때 조석환이 물었다.

"그런데 그렇게 잘 되는 게임빌을 왜 나오셔서 창업을 하신 거예요? 혹시 사장님과 문제가 있으셨나요?"

"문제가 있었던 것은 아니었어요."

정성은은 미소를 지으며 고개를 저었다.

"10년을 배우고 노하우를 쌓으면서 익힌 것들을 이론적으로 배우면 좋겠다는 생각을 했어요. 그래서 유학을 결정했죠. 하지만 그게 뜻대로 되지 않았어요. 저와 개인적으로 잘 알고 지내던, 착하고 똑똑한 친구들이 모여 창업을 하겠다고 잠깐 도와달라고 하더라구요."

"도와달라구요?"

"부족한 노하우 때문에 힘들어하는 것들을 도와달라고 하더군요. 재무적인 부분, 회사 설립, 컨텐츠를 제작하는 데 있어서 결정을 내릴 때 함께 고민하고 결정했어요."

"또 다른 창업에 참가하신 거네요. 게임빌 사장님과 함께 했던 것처럼요."

"그렇죠. 전 그 친구들에게 투자를 하고 외곽에서 도움만을 줄 뿐, CEO는 아니었어요. 하지만 처음과는 많이 달랐죠. 전 그동안 실전에서 노하우를 쌓고 있었으니까요."

"성공 가능성이 있어 보인 건가요?"

진승남이 물었다. 주식이 상장돼서 대외적으로 인정받은 회사의 이사직을 그만두고까지 가기로 했던 유학을 포기했을 때는 그만한 이유가 있었을 것이다. 그는 그것이 알고 싶었다.

"저는 사업을 시작하려면 4가지를 갖춰야 한다고 생각해요. 먼저 사람이죠. 함께 할 수 있는 사람, 믿을 만한 사람들로 뒷통수를 맞아도 허허 웃을 정도로 신뢰할 수 있는 사람들 말이에요. 그런데 그 친구들이 제게 바로 그런 사람들이었어요."

"그럼 나머지는요?"

"두 번째는 아이템이죠. 세 번째는 재무적으로 안정화가 될 수 있으냐는 문제, 그리고 마지막으로 내가 그 사업에 얼마만큼의 노하우가 있느냐는 거예요. 그중에 70%가 채워진 상태에서 창업을 한다면 사업적으로 리스크가 없다고 저는 판단했어요."

"교육 아이템이었는데, 정대표님은 게임 업체에서 일을 하셨잖아요. 연결이 잘 되지 않는데요."

"하하하. 그렇게들 얘기하시는 분들도 계세요. 왜 생뚱맞게 게임하다가 교육이냐구 말이에요."

정성은은 밝게 웃으며 말했다.

"하지만 저를 가장 유혹했던 건 바로 '교육'이라는 아이템이었어요."

"어째서죠?"

"행복 때문이죠. 전 사람들에게 행복을 주는 일을 했으면 좋겠다는 생각을 항상 해왔어요. 게임은 사람들에게 잠깐 동안의 재미를 줄 수는 있는데 행복감을 주지는 못하겠더군요. 그런 면에서 보자면 게임은 제가 잘할 수 있는 분야이긴 해도 궁극적으로 원하는 분야는 아니었던 것 같아요. 그래서 결국 그만둘 수 있었을지도 모르구요."

그는 담담하게 말했다.

"게임은 재미를 주는 거예요. 그것은 음식으로 따지면 양념을 주는 거죠. 양념을 먹는다고 배가 부르지는 않죠. 하지만 음식에는 꼭 필요한 요소이죠. 저는 게임 업계에서 양념 만드는 법을 배웠습니다. 이제는 그 양념을 가지고 교육이라는 원재료에 버무려 맛있는 음식을 요리해 보려구요. '게임에서 배운 양념을 가지고 교육이라는 음식에 양념을 치자…….' 사실 교육 시장은 경쟁이 치열한 시장이에요. 특히나 어학학습기는 정말 그렇죠. 그런 면에서 제가 게임회사에서 쌓아온 노하우가 차별화를 줄 수 있을 거라고 생각했어요."

"양념이군요."

"네. 그 부분에서도 저는 집중과 선택을 해야만 했어요. 게임과 교육을 반반 합쳐놓은 에듀테인먼트는 처음에 각광받았던 것과 달리 성공하지 못했죠. 왜냐하면 양념을 원재료와 비슷한 양만큼 넣으면 어떤 맛이 날지 상상이 되잖아요. 저희는 철저히 재미라는 것을 양념이라고 생각하고 접근했어요. 완전히 교육적인데 10%정도는 재미있는 것……. 그래야 사업적으로 성공할 수 있을 거라 생각했죠."

"아……."

진승남은 고개를 끄덕였다. 지난번 만났던 에듀플로의 박광세 대표 역시 그런 말을 했다. 게임의 비중을 줄이고 좀더 교육적인 측면을 강조하게 될 것이라고.

"그리고 제가 창업을 결심하게 된 것에는 10년 동안 게임빌에서 이사로 있으면서 꿈꿔온 회사를 내 손으로 실현해 보고 싶다는 생각도 있었던 것 같아요."

"어떤 회사를 꿈꾸셨는데요?"

"뿌리가 튼튼한 큰 회사죠."

"뿌리가 큰 회사요……?"

"큰 회사가 되려면 뿌리가 튼튼해야 하거든요. 실질적인 성공요인도 중요하지만 초반의 기틀도 굉장히 중요하다고 생각해요. 그런 면에서 제가 몸담았던 회사에서 나와 게임 분야의 창업을 하지 않은 것도 관련이 있어요. 그리고 전 제가 창업한 뒤 이전 회사에서 친하게 지냈던 직원들이 술자리에서 농담으로라도 저희 회사로 옮기겠다는 말을 하면 절대 그럴 수 없다고 못을 박아놨어요."

"게임 회사 출신이 게임 회사를 차리는 것과 전에 있던 직원들을 데리고 오는 게 훨씬 효율적이지 않나요? 노하우도 있는데 아깝게⋯⋯."

조석환이 입맛을 다셨다.

"그건 회사의 뿌리를 튼튼하게 하는 데 전혀 도움이 되지 않아요."

정성은은 고개를 저었다.

"그렇다면 제가 이전 회사를 퇴사한 게 아무런 의미가 없죠. 원칙을 지키지 않는 것은 단기적으로 효율적일지 모르나 장기적으로 보면 떳떳하지 못하다고 생각해요. 그건 기업윤리라고 생각합니다. 전 위버스마인드가 장차 모#기업이 되고, 지금같이 일을 하는 멤버들이 각자 계열사의 사장들이 돼서 회사를 경영하는 커다란 꿈을 꾸고 있어요. 그렇기 때문에 지금의 회사를 뿌리가 튼튼한 회사로 키워야 할 의무가 있죠."

진승남은 정성은의 말속에서 클로의 부정혁 대표가 했던 말이 떠올랐다.

멀리 있는 곳까지 뻗어나갈 회사를 키우고 싶다면 처음부터 그곳까지 갈 수 있는 준비를 해야 한다는 그의 말에서 정성은이 어째서 창업을 하는 단계에서도 뿌리가 튼튼한 회사를 만들고 싶어 하는지 이해할 수 있었다. 그는 물었다.

"원칙을 지키면 뿌리가 튼튼한 회사가 되는 건가요?"

"원칙과 비전이 필요하죠. 전 세 가지 비전을 갖고 있어요."

"세 가지라면⋯⋯."

"먼저 저희 위버스마인드의 제품이 고객들이 봤을 때 참 괜찮다라고 느끼게 하고 싶어요. 고객만족이죠. 두 번째로는 주주가치보다는 멤버들의 가치에 집중하고 싶어요. 그렇게 하기 위해서 처음부터 외부의 투자를 받지 않았죠. 자꾸 새로운 주주가 들어오게 되면 기업의 생각이 훼손되기 때문이에요. 세 번째로는 사회 기여라는 의미에 비중을 두고 싶어요. 이 부분에 대해서는 직원들에게도 이미 충분히 얘기를 해놨어요. 작년에는 다문화 가족들을 돕기 위해 공부방에 가서 직접 공부를 가르쳐주고, 학습 교재 들을 선물했어요."

"창업 초기부터 그런 일들을 하는 건 쉽지 않을 텐데요."

"그렇긴 하죠. 제 꿈이 너무 크기 때문인지도 모르겠지만 위로 뻗어나가지 않더라도 뿌리가 튼튼하면 쓰러지지 않을 자신 있는 그런 회사를 만들고 싶었어요."

정성은은 쑥스러운 듯 미소를 지어보였다.

"그게 바로 기업가정신이라고 생각해요."

"어쨌든 위버스마인드는 정 대표님께서 게임빌에서 쌓은 노하우와 교육이라는 아이템, 그리고 믿을 만한 사람들과의 창업, 그리고 재무적 안정화라는 네 가지를 통해서 자리를 잡아가고 있는 거로군요."

진승남은 부러운 듯 말했다.

"저흰 사람과 아이템은 있지만 아직 노하우와 재무적 안정화가 없는 상태인데……."

"거기에 '성공 인자'가 있어야 하죠."

정성은이 말했다.

"어떤 분야든지 성공해본 경험이 굉장히 중요해요. 그리고 그 성공을 자신이 분석해서 어떤 부분이 성공하는 데 도움이 됐는가를 따져보고 그 부분을 적극적으로 활용해야 한다고 생각해요."

"성공해 본 경험을 어떻게 분석한다는 건가요?"

"가끔 여자 사귀는 걸 비유하기도 하는데요…….."

정성은은 쑥스러운 듯 미소를 지었다. 시종일관 미소를 지으며 자신의 경험을 얘기해주는 그에게서 진승남은 마치 그가 점잖은 선비 같다는 느낌을 받았다.

"좋은 사람은 만나기 위해서는 무작정 다른 사람이 소개해 주기를 기다리기만 하는 것이 아니라, 내가 그런 사람에게 매력적이고 어울리는 사람인지, 어떨 때 자신이 사람들에게 매력적으로 보였었는지 분석해보고 자신을 다듬는 것이 필요합니다. 성공해본 경험을 체계적으로 분석해보는 거죠. 보통 사업을 할 때 사람들은 너무 잘 될 거라고만 생각하는데, 최소한 6개월 정도는 분석해보고 사람들을 만나서 이야기 해봤으면 좋겠어요. '이거 빨리 해야겠는데…….' 라고 조급하게 생각하기보다는 고민하고 분석하는 동안 아이디어가 확장되고, 더 단단해질 거예요. 그래서 사업계획서를 많이 써보고 사람들에게 보여주라는 말들을 많이 하잖아요."

"그런데 정 대표님."

조석환이 뒷머리를 긁적이며 말했다.

"승남이 말처럼 저희는 사람도 있고, 아이템도 있고, 말씀하신대로 짧지 않은 시간 동안 아이디어를 분석하고 단단하게 만들었다고 생각하는데요……. 재무안정화는 잘 모르겠는데요."

"하하하. 역시 부사장님이시라더니 살림꾼이시군요. 제 경우를 말씀드릴게요."

정성은은 기분 좋게 자신의 경험담을 풀어내기 시작했다. 창업을 하는 사람들은 실패에 대한 두려움과 성공에 대한 핑크빛 환상을 갖고 있다. 그런데 대부분이 두려움을 가지고 주저하다가 막상 두려움은 두려움 대로 놔두고, 자연스럽게 핑크빛으로 생각하는 경향이 있다.

이 두 개가 합쳐지면 시너지 효과를 일으켜 판단 미스가 나온다. 두려워할 때 핑크빛 생각을 갖게 되고, 핑크빛을 생각해야 할 때 두려움을 떠올리게 된다. 그것은 회사가 안정화되지 않은 창업자들에게는 곧바로 창업 실패로 이어지기도 한다.

정성은은 그것을 이전 회사에서 자연스럽게 트레이닝을 할 수 있었다. 게임빌이 처음 창업하기 전에는 1차 벤처붐이 불 때였다. 수익이 없어도 사용자가 많고, 트래픽이 많으면 쉽게 투자를 받을 수 있는 분위기였다. 몇 억, 몇십 억의 투자금이 들어오기 때문에 그 당시 벤처기업들은 재무적 안정화를 신경 쓸 필요가 없었다.

하지만 게임빌이 창업했을 때 벤처 거품은 서서히 걷혀가고 있었고, 투자를 하는 데 있어서 많은 것들을 고려하기 시작했다. 회사는 몸집을 키워놨는데, 정작 굴러갈 돈이 부족했다. 투자를 받으려고 할 때마다 투자자들은 수익모델에 대해 물었다. 그 전에는 어떻게 하면 회원수를 늘릴 것이냐고 묻던 투자자들이 사업을 냉정하게 바라보기 시작한 것이었다.

그때부터 정성은은 재무적 안정화를 생각하게 되었다. 재무적 안정화는 사업에 대한 확신으로 이어진다. 정부자금을 얻고, 투자를 받기 위해서는 자기 사업에 대한 확신이 있어야 했다. 몇 백만 원, 몇 천만 원을 받아와 쪼개 쓰다 보면서 결코 사업이라는 것이 자기 계획대로 굴러가지 않는다는 것을 깨달았다. 핑크빛 미래에 매달려 두려움을 떨쳐내고 사업을 진행하기 때문이었다.

보통 사업을 진행할 때는 계획을 짜야 하는데, 사람들은 최고로 잘 되는 핑크빛만을 떠올리며 계획을 짰다.

그때의 경험을 토대로 위버스마인드를 창업한 뒤 그는 사업적 계획을 짤 때 세 단계로 나누어 계획을 짜는 습관을 들였다. 가장 잘 되는 베스트 best, 적당한 리즈너블reasonable, 최악의 워스트worst. 워스트의 상황은 이 정도라면 진행되고 있는 프로젝트나 사업을 접어야 한다는 한계점이었다.

그 한계점을 정확하게 파악하기 위해서는 자기가 하고 있는 사업에 대해 냉정하게 분석할 줄 알아야 하고, 확신을 갖고 있어야만 했다. 그 덕분에 위버스마인드의 재무상황은 워드스케치를 개발하는 동안 워스트 상황이라고 생각했던 한계점 밑으로 떨어지지는 않았었다.

그런데 그 과정에서 그는 다시 한 가지를 깨달을 수 있었다. 많은 이들이 재무적 안정화라고 하면 '비용'만을 따지는데, 가장 중요한 '기간'을 간과한다는 것이었다. 한달에 1000만 원을 쓰겠다고 계획을 잡으면 500만 원으로 줄일 수는 있다.

하지만 어떤 제품을 개발하는 데 6개월이라는 시간을 잡았을 때 비용만을 생각하고 기간에 대해 충분히 고려하지 않는다면 그 기간은 6개월에서 1년, 1년에서 2년으로 늘어날 수도 있다. 그렇게 되면 결국 필요한 자금 자체도 2배, 4배로 뛸 수 있다. 기간이야 말로 재무적 안정화를 계획하는 데 있어서 가장 중요한 고려사항인 것이었다.

실제로 위버스 마인드에서 워드스케치를 개발하는 데 한 달에 들어가는 자금은 예상했던 것과 크게 다르지 않았다. 다만 3개월이라고 잡았던 기간이 1년으로 늘어나면서 문제가 됐다.

"시뮬레이션을 해보세요. 저는 재무적인 부분에서 기간, 투자 등 모든 사항을 워스트케이스에서 체크해서 할 수 있는 대까지 시나리오를 짜보고 엑셀프로그램으로 장난을 해봤어요. 그게 취미였죠. 돈이 얼마 이상

들어가면 빨간색으로 변하고, 얼마가 되면 파란 색으로 되는 것까지 지정하고 나서 최상의 상황과 최악의 상황을 확인해보고 대응방안을 준비해놓는다면 시행착오를 거치지 않을 수 있겠죠."

■

"참…… 그 양반 선비 같데요."

조석환은 김현진을 바라보며 너스레를 떨었다.

"저희보다 나이도 많고, 상장기업에서 이사까지 했다고 해서 좀 뻣뻣할 줄 알았는데……."

"하하하. 정성은 대표님이 그러실 리 없죠."

김현진은 빙그레 웃으면서 말했다. 진승남도 따라 웃었다. 진승남과 조석환은 정성은을 만나고 나서 김현진을 찾아왔다.

"정성은 대표님께서 말씀하시는 선택과 집중은 창업뿐만 아니라 회사를 경영하는 사람들이 언제나 염두에 두고 있어야 하는 말이에요."

김현진은 진승남으로부터 정성은 대표와 나눈 대화를 듣고 나서 고개를 끄덕이며 말했다.

"그런데 아까 전화로 물어본 거요."

그가 물었다.

"어떻게 대답하실 생각이세요?"

"아…… 어떤 회사를 만들고 싶냐는 물음 말씀이시군요."

"이제 창업 아이템 경진대회가 며칠 안 남았잖아요. 그리고 제가 소개해 드린 대표님들을 모두 만나고 오셨으니까 지금쯤 생각이 정리가 됐을 것 같은데요.”

김현진은 잔뜩 호기심어린 눈빛으로 진승남을 바라봤다.

“그게…….”

진승남은 쑥스러운 듯 뒷머리를 긁적이며 입을 열었다.

“직원들이 미래를 꿈꿀 수 있는 회사를 만들고 싶습니다.”

그의 대답을 듣던 김현진의 입가에 미소가 번졌다.

“그렇게 되기 위해선 실패하면 안 되겠네요.”

“제겐 김대표님을 포함해서 멘토가 아홉 명이나 있잖아요. 그분들의 노하우와 경험담이 분명 많은 시행착오를 피해갈 수 있게 해줄 거라 믿습니다.”

“다행이네요.”

“너무 감사합니다. 어떻게 보답해야 할지…….”

진승남은 김현진을 바라보며 말했다. 아무런 조건도 없이 자기를 만나주고, 도움이 될 만한 이들을 소개해 준 그가 무척이나 고마웠다.

“그럼 꼭 성공하세요.”

김현진은 담담하게 말했다.

“전 제가 성공해야 하는 이유가 제 주변사람들에게 보답하기 위해서라고 생각해요. 9년 전의 김현진과 9년 후의 김현진이 똑같다면 아무도 나를 만나주지 않을 거예요. 멘토, 멘티를 떠나서 내가 성장하면 인간 관계는 발전해요. 얼마 전에 중학교 때 친구에게서 연락이 왔더군요. 신문에서 제 기사를 봤다고 하더라구요. 만일 제가 남들이 봤을 때 실패한 삶을 살아가고 있었다면 연락이 오지 않았을 거예요.”

“그렇겠죠.”

"전 내 딸이 『저 사람이 내 아빠야.』라고 말하면서 자랑스러워하고, 제 친구가 『쟤 내 친구야. 대단하지 않냐?』, 『김대표? 내가 아는 사람이야.』라고 자랑스럽게 말해주길 바래요. 물론 그게 사업일 필요는 없지만 제가 사업가의 길을 가고 있으니 사업가로 성공해야 그렇게 될 수 있다고 생각해요. 그리고 이런 게 세상에 보답하는 거라고 생각하구요."

김현진은 진승남을 향해 손을 내밀었다.

진승남도 그의 손을 잡았다.

"발전하세요. 결국 멘토고 멘티고, 나에게 관심을 주고, 나를 위로해 주고, 잘못하면 혼내주는 사람들의 기억속에서 진승남이라는 사람이 자기가 아는 사람들 중 가장 열심히 살고 매번 발전하는 사람이라고 기억되게 해주세요. 제 경험을 얘기하고, 다른 분들을 소가 해준 걸 고맙다고 생각하신다면 그게 보답하는 길이에요."

"그렇게 하겠습니다."

진승남의 목소리에는 힘이 느껴졌다. 단순히 9명의 주목받는 벤처 사장들의 경험과 노하우를 알게 되어 그것을 통해 사업에 성공할 수 있으리라는 이유 때문이 아니었다. 그들과 나눈 대화, 그들의 이야기를 통해서 자기 머릿속에만 갖고 있던 사업이라는 꿈을 조금씩 조금씩 현실속에서 퍼즐을 맞추듯 만들어가는 과정에서 자신감을 갖게 되었기 때문이었다. 김현진 역시 그것을 모를 리 없었다.

"승남 씨. 사업한다는 거…… 어떤 것 같아요?"

진승남은 밝게 웃으며 대답했다.

"쉽게 보고 덤벼들건 아닌 것 같습니다. 하지만 충분히 도전해볼 만한 것 같습니다."

창업 가이드

Guide for Foundation

벤처기업이란 뭐지?

벤처기업 Venture Business 은 학술적으로 명확히 정리된 개념은 없다. 미국에서 발생한 연구개발, 디자인개발형의 소기업이 원류로서 기술집약기업, 지식집약적 중소기업, 연구개발형 기업, 첨단기술기업 등의 용어도 혼용되고 있다. 미국에서도 Risky Business, Venture Company, High Technology Business, NTBF New Technology Based Firm 등으로 다양하게 말한다.

일반적으로 벤처기업이란 고도의 기술력, 첨단기술을 가지고 고수익과 고성장을 추구하는 비교적 소규모이나 유망하고 창조적인 기업을 말한다. 벤처기업은 국가마다 조금씩 다르게 정의하고 있는데 우리나라의 경우 '벤처기업육성에관한특별조치법'상의 3가지 기준 중 1가지를 만족하는 기업을 의미한다.

그럼 왜
벤처기업인가?

섬유, 철강, 자동차 등을 중심으로 하는 공업사회에서 정보통신, 소프트웨어, 생명공학과 같은 정보화 사회로 산업구조가 변화함으로 벤처기업이 본격적으로 등장하게 되었다. 국경을 초월한 무한경쟁시대에 기술혁신을 통한 고수익, 고성장을 기대할 수 있는 벤처기업은 미래의 경쟁력을 선도할 중심에 있는 것이다.

벤처기업의 유형을
살펴보자.

① 분사(Spin-off)

개별 기업가는 대학, 연구소, 기업에서 일하다가 그들이 가지고 있는 기술을 상업화하기 위해 자신의 사업을 시작하는 경우이다. 이때 개별 기업가들의 전 직장을 인큐베이터조직이라고 하며 여기서 떨어져 나왔다는 의미에서 '스핀오프'라고 표현한다.

② 합작벤처(New Style Joint Venture)

벤처기업들은 고도의 기술을 제공하고 대기업은 자본과 판매망 또는 기술개발 결과의 활용과 적용에 역점을 두는 경우이다.

③ 벤처합병(Venture Merging)

대기업이 전략적 필요에 의해 벤처기업을 흡수, 합병하여 자회사나 사업부로 운영하는 것을 말한다.

④ 사내벤처(Internal Venture)

대기업이 회사 내부에 모험자본을 마련해 놓고 기업 내부의 종업원들에게 사업 아이디어를 제안하게 하여 벤처기업을 스스로 하거나 참여하도록 하는 방식이다. 기업 내부에서 기업가정신을 발현하여 새로운 사업을 개발하는 것이다.

사내벤처는 대규모 기업조직 내에서 내부자원을 독특한 방식으로 활용하여 제품이나 서비스, 기술 등을 만들어내는 상대적으로 작고 효율적 혹은 반자율적인 사업단위를 개발하는 것이다. 사내벤처는 과거와는 다른 새로운 방식의 신규사업 개발 형태라고 할 수 있다.

벤처창업
step by step

1
공동 창업자 모으기

　사업이란 절대 한 사람의 능력자가 할 수 있는 것이 아니다. 각 분야의 실력 있는 사람들이 최소 5명 이상은 주축이 되어야 시작할 수 있다. 일반적으로는 학교 선후배 사이가 모여서 창업을 하는 경우가 가장 많고 그 다음으로 전 직장 동료들이 많다.

　형제, 남매가 창업을 하는 경우도 많지만 가족이 주축으로 창업을 하는 것에 대해서는 그리 좋은 모습은 아닌 것 같다.

　상위 방법이 아닌 서로 일면식 하나 없던 사람들을 모아 창업을 시작하는 경우도 있다. 주로 주변 지인으로부터 추천을 받은 인재를 찾아 초면에 밥 사주고 술 사주면서 이런 저런 꿈을 나누다가 함께 창업을 하기도 하였다. 처음 3명을 모으기가 힘들지 주축이 되는 3인이 생기면 그 다음 몇 명을 더 구하는 일은 매우 쉽다. 모든 사업은 사람으로부터 시작되니 같이 창업할 파트너를 모으는 것에 많은 에너지를 쏟는 것이 좋다.

2 창업자간 관계설정

젊은 사람들이 사업을 시작할 때 가장 많이 하는 실수는 초기 멤버간의 개별 계약에 대해 무지하거나 주저하는 것이다. 이는 훗날 지분이나 수익 배분과 같은 민감한 문제로 사이가 안 좋아지는 원인이 된다. 초기 기업은 많은 연봉을 제공하는 것이 현실적으로 어려우니 급여가 넉넉하지 못한 대신 주식발행이나 미래의 현금 인센티브 등을 약속하는 경우가 많다.

이런 사항에 대해서는 명확한 계약서를 작성하여 보상에 대한 부분을 철저히 사전에 정하는 것이 좋다. 이를 경영합의서, 주주계약서 등으로 불리는데 M&A 사무실 또는 법무법인에서 구할 수 있다. 처음부터 동업하여 회사를 설립한 경우와 주식을 인수하는 경우로 나누어 작성한다.

대표는 누가 할 것인가, 이사회 구성, 보수, 주주총회 의안 결의를 상법

대로 할 것인가, 특별 결의를 추가 할 것인가, 감사는 누구를 세울 것인가, 업무 범위, 자금 차입이나 지출에 있어 얼마 이상 지출이 발생하면 동업자에게 알릴 것인가, 보증관계, 증자에 관한 내용, 주식매도에 대한 내용 등 등 글자 한자, 문구 한 줄이 불화의 원인이 될 수 있으므로 양측이 변호사를 세워서 작성하고 공증을 받는 것이 좋다. 변호사를 선임하기 어렵다면 선배 사업가의 도움을 받는 것도 좋다.

3 사업 아이템 확정하기
사업성검토 및 경영전략 수립

사업 아이템을 먼저 정하고 그것을 같이 할 수 있는 사람을 구하는 것과 사업을 같이 할 수 있는 사람을 모은 후 아이템을 결정하는 것 두 가지 방법이 있다. 어느 것이든 정답은 없는 것이며 가장 중요한 부분은 구성원이 모두 자신의 역량을 극대화 할 수 있는 아이템을 고른 후 사업성이 있는지를 검토한 후 사업을 시작하는 것이 좋을 것이다. 현실에서는 사업을 진행해나가다가 사업 아이템이 변하는 경우가 부지기수이기 때문에 어떤 아이템으로 진행하느냐가 아닌 시장의 변화에 따라 사업을 변화 시켜 나갈 수 있는 오픈 마인드와 혜안이 더욱 중요하다.

아이디어나 기술력을 가진 벤처기업가가 창업을 하기 위해서는 일반 적으로 착상단계, 계획단계, 실행단계의 3단계를 거친다. 착상단계에서 사업 아이템을 선택한다. 보유기술이나 아이디어의 시장성과 경쟁력을 꼼꼼히 살피는 것이 중요하다. 독보적인 기술을 가지고 있다 하더라도 시 장이 형성되지 않는다면 무용지물이다. 정부 지원을 받을 수 있는 업종인 지도 살핀다. 창업 아이템이 결정되면 구체적으로 사업성을 검토하고 사 업계획을 수립한다. 사업성 검토는 시장분석, 기술분석, 재무분석을 중심 으로 한다.

사업계획서는 창업을 준비하는 기업가가 준비하지만, 기업가가 모든 것을 작성하기 어렵다면 법률가, 회계사, 마케팅 전문가 등 주변 사람들 의 도움을 받도록 하자. 사업계획서는 투자자, 은행가, 종업원, 고객, 컨설 턴트 등 여러 사람을 위해 작성되는 것이다. 따라서 이들 각기 다른 목적 을 가진 대상에 맞춰 정확하고 설득력 있게 써야 한다. 외부자금을 조달하 기 위한 것인지, 공장설립 허가용인지, 대외홍보용인지를 구분해 작성한 다. 사업계획서를 작성할 때 유의할 점은 다음과 같다.

① 사업계획서의 1차 목표는 창업자의 창업 아이디어를 제3자에게 납 득시키는 것이다.
② 객관적이어야 한다. 전문기관의 증빙자료를 근거로 시장조사와 매 출액 추정이 이루어져야 한다.
③ 평범한 계획서는 투자자의 관심을 끌지 못한다. 사업의 핵심 내용을

강조하는 것이 좋다. 사업계획서의 형식과 편집도 중요하다.

④ 지나치게 전문적인 내용이나 용어는 피하고 누가 읽어도 이해될 수 있도록 단순하면서도 보편적인 내용으로 구성한다.

⑤ 사업계획에 잠재되어 있는 문제점과 위험 요소를 심층 분석하여 예상치 못한 사정으로 창업이 지연되지 않도록 점검한다.

4 특허나 실용 실안 내기

아이템이 결정되면 거기에 관련된 주요 특허와 실용 실안 정도는 내놓는 것이 좋다. 초기에는 이것이 강한 장점으로 작용할 수 있고 후에 정부 자금 등을 지원받을 때 가산점이 되기도 한다. 특허에는 BM 특허와 기술 특허가 있는데 그 종류와 상관없이 초기 기업이 2~3개 정도의 특허를 출원하는 것은 매우 중요하다. 또한 자사의 로고나 서비스 혹은 상품의 상표권은 반드시 출원 하도록 한다. 중요한 특허는 반드시 변리사를 통하여 특허출원 하는 것이 좋다. 좋은 제품에 특허권이 없으면 각종 아류 상품들이 많이 생길 것이며 특허권이 설정되어 있다고 하여도 권리범위가 좁으면 특허권이 있으나마나이다. 자신이나 회사 구성원중에 특허를 직접 출원할 수 있는 인재가 있을 경우 인터넷을 통해서 서식을 작성하고 특허청에 제출하면 보다 저렴한 비용에 특허를 출원하고 취득할 수 있다.

5
사업자 설립
개인 사업자냐,
법인 사업자냐

사업자 등록을 위해서 세무서에 사업자등록을 내야 한다. 이때 개인사업자로 할지, 법인사업자로 할지 결정을 해야 한다. 연매출 10억원 이상을 예상하고 있다면 법인 사업자를 선택하는 것이 좋다. 요즘은 과거와 달리 법인 사업자의 기본 자본금 5천만원 제도가 사라져서, 소규모 자본금 1000만원 이하로도 법인 설립이 가능해 졌고 거래처에 따라 개인사업자 보다는 대외적 신뢰도가 높은 법인거래처를 원하는 경우가 많이 있기 때문에 법인 설립이 좋다.

법인을 설립하는 방법은 본인이 직접 여러 개의 양식을 준비해서 직접 하는 방법도 있으나, 법무사를 통해 약간의 수수료를 내고 위임하는 것도 여러모로 시간을 아낄 수 있다.

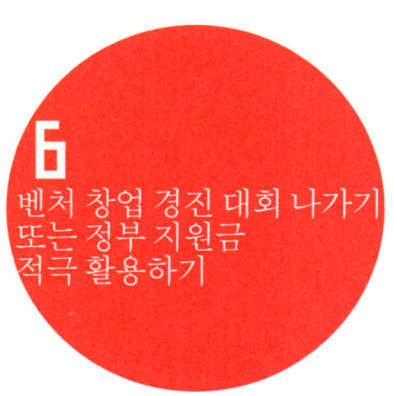

6
벤처 창업 경진 대회 나가기
또는 정부 지원금
적극 활용하기

　시작할 당시 무일푼의 팀이었을 때 벤처경진대회에서 동상을 받아서 업계에 이름을 알렸다. 그 다음해에는 다른 아이템으로 서울시 창업 경진 대회에서 금상을 수상하였는데 서울시에서 수상했을 때는 국영방송에 회사가 소개가 되기도 하였다. 사업 초기에 창업 경진 대회에 나가는 것은 매우 중요하다. 상금도 좋지만 그 외의 많은 가산점과 인지도 향상에 도움이 된다는 것을 잊지 말아야 한다. 벤처경진대회는 창업분위기를 되살리고, 우수 기술을 보유한 예비창업자의 창업을 촉진키 위한 것이다. 참가자는 학생부와 일반부로 구분하여 다양한 업종에 걸쳐 모집하고, 4개 분야로 나누어 기술성 및 사업성 등에 대해 전문가의 엄격한 심사를 거쳐, 대상 1점(부문통합), 최우수상 2점(부문통합), 우수상 16점(학생부 8점, 일반부 8점), 장려상 24점(학생부 12점, 일반부 12점)의 총 43점을 선발하여 시상하게 된다. 대회 수상자에 대해 중소기업청의 창업지원시책과 연계 지원하여 사업화를 지원하고, 국외 창업현장 견학 및 특허출원 등 다양한 지원정책을 마련하여 시행한다. 중기청 등의 정부 기관에서 하는 벤처경진대회도 있지만 각 대학별이나 지자체에서 시행하는 벤처경진대회도 있으니 적극적으로 응모 해보는 것이 초기 사업 시작에 작은 기회를 마련하는 좋은 기반이 된다.

지난해부터 시행된 서울시가 진행하는 '2030 청년창업 프로젝트'에 벤처기업으로 선정되면서 창업의 첫걸음을 내딛는 경우도 있다. 문화체육관광부와 한국콘텐츠진흥원이 모집하는 '콘텐츠 1인 창조기업'도 있는데 사업을 좀 더 구체화해서 지원하면 창업 지원금 2천만원을 받을 수 있다.

혼자가 아니라 팀이라면 대학생 벤처창업 경진대회 등에 참여해서 수상을 노려보는 것도 방법이다. 상금 1천만원 규모의 대회도 많이 있으며 상금을 사업 지원금으로 해 회사를 설립한 후, 중소기업청이 지원하는 창업 동아리 지원금을 노리는 것도 방법이다.

아이디어만 있다면 창업할 수 있도록 돕는 '콘텐츠 1인 창조기업' 지원 프로그램도 있다.

문화체육관광부와 한국콘텐츠진흥원에서 실시하는 이 프로그램은 참신한 아이디어만 있다면 창업에 도전할 수 있도록 돕는다. 지난해에는 전문 심사단의 심사를 거쳐 문화 콘텐츠 및 관련 기술 개발, 만화, 애니메이션, 캐릭터 등 멀티 유즈를 고려한 다양한 사업 아이디어 37개가 선정되었다. 이 아이디어들은 콘텐츠 제작 및 기술 개발, 저작권 등록 및 거래, 시장조사, 창업교육, 마케팅 및 유통 등 일련의 사업화를 지원받고 있다. 지원 결과 사업성이 인정된 결과물에 대해서는 저작권 등록 및 관련 기업과의 거래, 유통, 마케팅도 지원받을 수 있다.

콘텐츠 1인 창조기업 지원 프로그램은 일반인을 대상으로 하고 있다. 그래서 20대 청년들뿐만 아니라 일반인도 지원을 받을 수 있다. 최소 1천만원에서 최대 5천만원까지 창업 지원금을 지원하고 창업 관련 서비스까지 보장받을 수 있어 처음 창업을 시작하는 이들에게 실질적인 도움을 주고 있으니 활용해 보는 것도 좋다.

창업보육센터 입주하기

창업보육센터란 기술과 사업성은 있으나 자금, 사업장 및 시설확보의 어려움이 있는 창업자 또는 예비 창업자에게 개인 또는 공동작업장 등의 시설을 저렴하게 제공함과 아울러 경영, 세무, 기술지도 등의 지원을 통해 창업에 따른 위험부담을 줄이고 원활한 성장을 유도함으로써 창업을 촉진하고 창업성공률을 높이는 것을 주목적으로 하는 사업을 수행하는 조직이다.

출처 : 창업보육센터네트워크시스템 홈페이지

창업보육센터는 일반적으로 시설 및 설비의 제공, 사무 · 행정지원, 일반경영 · 마케팅 · 회계 · 재무 · 법률 등 각종 경영자원 그리고 다양한 기술자원을 제공하여 창업자로 하여금 그들의 에너지를 조직의 경영이나 자금조달보다는 제품 및 서비스 개발에 더욱 힘을 쏟을 수 있도록 지원하고 있다.

기업 설립 초반에 창업 보육센터가 많은 도움이 되는 것은 사실이다. 우선 임대료가 주변 시세보다 저렴하다. 창업보육센터에 들어가기 위해서는 몇 가지 심사를 통과해야 되는데, 이런 사실이 큰 기업과 정부에서 창업보육센터 입주기업을 신뢰하는 이유가 되기도 한다. 공동 회의실, 사무기기를 활용할 수 있고, 주변에 함께 하는 벤처들이 있다는 사실도 아주 큰 힘이 되기도 한다.

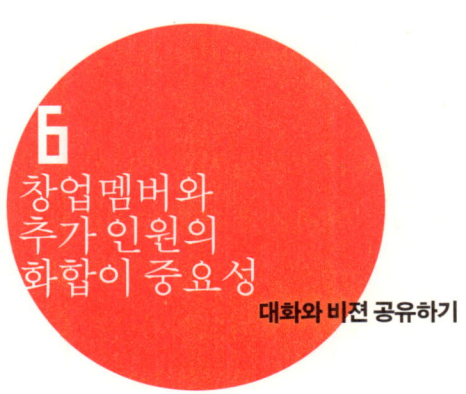

6
창업멤버와
추가 인원의
화합이 중요성
대화와 비전 공유하기

벤처기업에서 인재가 떠나가는 이유는 대략 다음과 같이 정리할 수 있다.

1. 개인적인 비젼이나 회사에 대한 비젼이 없다.
2. 남들에게 인정받기 힘들다.
3. 급여 수준이 낮고, 복지 수준이 열악하다.
4. 자기 계발에 불리하다.
5. 대기업에 비해 안정적이지 못하다.

등이다. 위 사항 중 몇개는 소수의 회사를 제외한 대부분 중소기업의 현실일 것이다. 하지만 CEO는 회사의 미래인 인재들에 대한 욕심을 결코 포기해서도 안 된다.

좋은 인재를 채용하는 것이 사업의 첫 걸음이다. 올바른 사람을 채용하였다면 다른 것은 부차적인 문제다. 반대로 잘못된 사람을 채용하면 사사건건 문제가 발생한다. CEO는 인재를 얻기 위해 시간과 비용을 투자해야 한다. 벤처기업은 인재 확보를 위해 시간을 많이 투자하여야 하는데 좋은 인재를 채용하기 위해 CEO가 그에 대한 정보를 많이 확보하고 인맥을 동원하여야 한다. 벤처기업은 인재가 스스로 자기발로 찾아오기가 쉽지 않은 만큼 수장이 발로 직접 뛰어야 한다.

소수의 사람들을 중심으로 운영되는 작은 조직은 그 사람이 나가면 쉽게 무너질 수밖에 없다. 사람이 떠나도 조직이 유지될 수 있는 시스템을 구축하는 것이 중요하다. 창업자들은 자금 운용에 보수적인 경향이 많아서 유능한 인재를 뽑아 많은 보수를 주고 일을 시켜보아도 자기만큼 잘 알지도 못하고 열심히 일하는 것 같지도 않아 결국 동고동락해온 측근 몇 사람하고 다시 일하는 경우가 생각보다 많다. 하지만 이렇게 소수에 의한 경영은 기업이 성장하는데 한계에 봉착할 수 밖에 없다.

8
신용보증기금/
기술보증기금으로
초기 자금 확보하기

초기 벤처는 늘 자금이 부족할 수밖에 없다. 초반에는 신용보증기금과 기술보증기금을 통해 수억 원의 기술보증기금을 받을 수 있었고 그제야 비로소 공격적인 사업을 시작할 수 있었다. 단 기술 보증기금이나 신용보증기금은 경영진의 연대 보증을 요구하는데 이때 보증은 대표이사 단독으로 서는 것이 좋다. 신용보증기금은 창업 6개월 미만의 기업에 3억원을 융자해 주는 제도가 있고 기술보증기금은 기업의 기술을 평가하고 그 가치를 매겨 은행 보증을 대신 서준다. 단 두 군데 중 한 군데의 지원을 받게 되면 다른 한 곳의 지원은 받을 수 없으므로 반드시 하나를 잘 선정해서 고르는 것이 좋다. IT기업의 경우 대부분 기술보증기금을 이용한다. 이는 기술보증 이외에도 기술 평가를 통한 벤처 기업 인증을 해주기 때문인데 벤처 기업 인증을 받게 되면 세제혜택 및 정부 과제 가산점 등, 따라오는 혜택이 많으니 잘 활용하는 것이 좋다.

9
엔젤투자/
벤처캐피탈 투자 받기

여기까지 왔으면 이제 회사를 설립했고, 상품을 만들어 나갈 어느 정도의 자금도 소유하게 되었다. 이제는 제품을 만들어 내는 기간이 필요하며, 이 기간 동안 자금이 다 소진되기 전에 좋은 투자자로부터 투자를 받는 단계가 필요하다. 좋은 기술을 기반으로 한 사업가라면 벤처캐피탈의 문을 두드리는 것이 좋을 것이다. 보통 우리나라 벤처캐피탈들은 스타트업에 3억~10억, 초창기의 기업에 11억~20억 정도를 투자하는데 심사에서 투자의 기간까지는 적게는 3개월 길게는 1년 이상이 걸리기도 하니 기간을 충분히 산정한 후 자금이 소진될 기간을 고려해서 투자 심사를 진행하는 것이 좋다.

벤처기업은 설립 초기에 자기 자본을 중심으로 사업을 경영하고 부족한 자금은 친구, 친척, 동업자들의 투자 등을 통해 조달하게 된다. 이러한 자금을 엔젤캐피탈Angel Capital, 또는 러브머니Love Money라고 한다. 엔젤캐피탈은 자신의 자금을 자신과 특별한 관계가 없는 다른 사람의 사업에 투자하는 반면 러브머니는 자신과 밀접한 관계가 있는 기업에 투자한다는 점에서 차이점이 있다. 엔젤 캐피탈이나 러브머니는 아이디어만 있고 제품은 아직 없는 창업 초기 단계에 자금을 공급하는 것이 특징이다.

엔젤자금이 창업초기 사업구상단계에서부터 성장초기단계에 주로 투입된다면 벤처캐피탈은 창업 이후 주식공개에 이르는 중·후반 성장단계에 주로 투자한다. 벤처캐피탈은 투자자집단, 펀드형태의 간접투자나 금융기관 대출 형태로 운영된다.

벤처캐피탈은 고도의 기술력과 장래성은 있으나 경영기반이 약해 일반 금융기관으로부터 융자받기 어려운 벤처기업에 무담보 주식투자 형태로 투자하는 기업이나 그러한 기업의 자본을 말한다. 벤처캐피탈은 최소 50억의 자본금이 있어야 시작할 수 있다. 일반인에게 50억은 큰 액수이지만 투자 포트폴리오를 만들기 위한 자금으로는 작다. 그래서 벤처캐피탈은 사모펀드를 모집한다. 이 때 자신이 그 펀드의 무한책임사원^{GP}로 일정부분 투자해야 한다. 이런 사모펀드들은 몇 십억에서 몇 천억 규모까지 만들어지며 이를 투자조합이라 한다. 조합에 투자한 투자사(자)들을 조합원이라고 한다.

벤처캐피탈을 이해해야 투자 받을 수 있다. 벤처캐피탈은 이렇게 돈을 번다.

앞서 이야기했던 것처럼 벤처캐피탈로 모인 자금은 모두 벤처캐피탈의 돈이 아니다. 운영을 잘 한다고 하더라고 마이너스 수익을 올리는 조합도 있고 높은 수익을 올리더라고 지분이 적으면 태분이 적다. 벤처캐피탈의 가장 큰 수입원은 투자보수이다. 조합 결성 시 만들어진 조합의 규약대로 투자조합을 운영하는 벤처캐피탈에게 보수를 지급한다. 이는 보수개념으로 투자에 실패해 마이너스 수익이 나더라도 투자보수는 정해진 비율만큼 지급하고 받게 된다.

벤처캐피탈의 다양한 투자방법에 대해 몇 가지를 살펴보도록 하자.

① PF – Project Financing, 프로젝트투자

프로젝트투자란, 회사의 지분에 관계없이 회사가 진행하는 사업단위로 프로젝트화 하여 투자를 유치하여 회사전체의 손익과 무관하게 수익을 배분하는 투자방식이다. 흔히, 게임/영화/드라마와 같은 문화 컨텐츠 영역에서 많이 하고 있는 투자방식이다. 프로젝트투자는 타 사업과 회계를 구분하고 별도의 계좌를 개설하여 자금을 운용하는 등 회계의 독립성을 유지하여야 한다.

② 회사채의 인수

회사에서 경영의 필요한 자금을 조달하기 위해 CB^{전환사채}, 신주인수권부사채 등 다양한 회사채를 발행하고 벤처캐피탈이 이를 인수하는 방식으로 투자가 이루어지는데 저위험의 금융상품이다보니 매력적이긴 하지만, 수익을 실현할 수 있는 범위가 한정되어 있어 큰 수익을 거두기엔 어려운 투자방식이다.

③ 보통주/우선주 투자

가장 일반적인 투자의 방식으로 회사와 사업가치를 평가 받고 보통주나 우선주를 발행하여 매매하는 투자방식을 의미한다. 신주인수 방식으로 투자할 경우 자본동업의 성격을 가지게 되므로 회사를 상대로 자금 회수를 주장 할 수 없고, 제3자에게 구주매각 방식이나 IPO를 통해 자본을 회수하는 것이 일반적인 방법이다. 청산이나 M&A를 통해 투자금을 회수하는 방법도 가능하다. 요즘 한국에서는 벤처 캐피탈이 우선주 투자를 선호하는 편이다.

10
정부과제
수행하기
정책 자금 추가 확보

올해는 신규로 창업을 하는 젊은이들을 보면 예비창업자 지원 자금 5천만원 정도를 받고 시작하는 경우를 보고는 한다. 이는 매우 중요한 시작을 할 수 있는 기반이며, 초기 자금난을 해결할 수 있는 방법이기도 하다. 매일같이 중소기업청 홈페이지 및 한국 컨텐츠 진흥원의 홈페이지를 둘러 보는데도 많은 시간을 할애하는 것이 좋다. 법인을 설립한 후에는 벤처 인증과 연구소 설립 인증을 받아 국책 과제를 제안해 수행 하는 것도 좋다.

단순히 자금의 도움을 받는 것이 아닌 회사의 인지도가 올라가고 회사의 신용이 올라가는 데에도 도움이 되는 것임을 잊지 말자. 올해부터 유망 중소기업은 R&D자금을 한번에 2개 과제까지 지원받을 수 있게 되며, R&D 지원과제 평가기준도 '기술성' 중심에서 '사업성' 위주로 전환되었다.

11
EXIT 하기
회사 매각이나 기업공개 등

IPO(기업공개)

IPO란 기업을 코스닥 시장이나 거래소 시장에 상장 시키고 주식을 일반에 공개하여 기업의 가치를 인정받고 일반 투자자들에게 기업이 자금을 확보할 수 좋은 방법이다.

흔히 말하는 상장 기업이라는 것을 의미하는 것이기도 하는데 과거에는 많은 벤처 회사들이 기업공개를 목표로 사업을 해나가는 경우가 많았으나, IPO에 도달하기까지 많은 에너지와 노력이 필요하기에 요즘은 미국의 경우는 대부분 벤처들이 상장 보다는 구글 같은 큰 기업 등에 인수되는 쪽을 목표로 하는 것이 조금 더 대세인 듯 하다.

M&A의 정의

먼저 M&A가 무엇인지부터 알아보도록 하겠다. 네이버 백과사전에는 M&A를 다음과 같이 정의하고 있다.

어떤 기업의 주식을 매입함으로써 소유권을 획득하는 경영전략이다. M은 기업합병을, A는 매수(종업원 포함)를 뜻하며 M은 매수한 기업을 해체하여 자사 조직의 일부분으로 흡수하는 형태를, A는 매수한 기업을 해체하지 않고 자회사, 별회사, 관련회사로 두고 관리하는 형태를 말한다. 정말 쉽게 말하자면 기업을 사고 파는 행위를 말하는 것이다.

　M&A는 기업이 성장하는 과정에서 맞이하는 고통의 시기를 획기적으로 단축할 수 있다. 오랜 기간 동안 늘려나가야 하는 Market Share를 짧은 시기에 극복함으로써 고통스런 과정을 건너뛸 수 있는 것이다. M&A는 주로 자신이 역량을 갖지 못한 곳으로 진출할 때, 즉 비관련 다각화를 시도할 때 유리한 방식이 되겠다.

　대다수 벤처 기업이 처음 기술개발을 해서 생산과 마케팅 등 전 과정에서 성공하여 돈을 버는 일이 쉽지 않다. 이것은 초기 기업 설립부터 기술개발, 생산 및 마케팅 등 경영의 전 과정을 치밀하게 준비하고 잘 관리할 수 있는 기업인이 많지 않기 때문이다. 대기업 입장에서도 창의적이고 유연한 벤처 중소기업들의 기술이나 신제품 등을 인수하여 새로운 사업 포트폴리오를 구성할 수 있는 기회가 늘어난다면 사업 위험분산은 물론 새로운 성장기회를 만드는 데도 큰 도움이 된다. 가장 근례에 대표적인 국내 인터넷 벤처 기업 M&A 사례는 구글에 인수된 TNC와 NHN에 인수된 미투데이와 윙버스 사례가 있다.　**출처 : Value Creators & Company 블로그**